ナビゲート経営学

心理・経営・会計を学ぶ

北海学園大学経営学部 編　　同文舘出版

まえがき

　本書は、大学の経営学部に入学した大学1年生あるいは経営学部への入学を希望している高校生など、現在経営学の学びの入り口に立っている人を主な読者対象にしています。他の経営学の初歩的なテキストと比べると本書には2つの特徴があり、そこには次のことを理解してもらいたいという意図があります。

1 ｜ 経営学の問題はすぐに近くにある

　私たちは、経営学の学びの入り口に立っている皆さんに対して、これからその学びの世界にスムーズに入ってもらうことを考え、本書全体を4つのパートに分け、消費者、組織、企業、企業のお金の仕組みの順番で説明しています。

　高校生の段階で企業を経営したことのある人はほとんどいないでしょうし、働いたこともアルバイトとしてごくわずかな経験をしただけという人が大半だと思います。そのために経営学が対象とする領域は遠い世界の話のように感じるかもしれません。しかし多くの人が、過去あるいは現在の生活のなかで、経営学が対象とする課題に近づいた経験があるのです。

　たとえば、企業が作り出す製品やサービスを購入し、それを利用する消費者としての経験は誰にでもあるはずです。おそらく今日も一度は財布を開き、企業が提供する何かしらの製品・サービスを消費者として購入したのではないでしょうか。そんなあなたに対して、製品やサービスを提供する側、たとえば接客のアルバイトをした経験があれば、さらに身近な例だと、高校の文化祭で模擬店を出したことがあれば、お客様が何を求めているのか、お客様に楽しんでもらうにはどうしたらよいのか考えてみた人もいるでしょう。そもそも誰かに、楽しんでもらうにはどうしたら良いかを真剣に考えた経験は、

具体的な場面はさまざまでも、多くの人にあるはずです。これが本書の第1部（消費者を知る）の話につながります。

あるいは皆さんは、学校生活でも部活動や生徒会、体育祭などの学校行事を通じて組織の一員として共に何かを成し遂げた経験もあるのではないでしょうか。そこで今一つやる気のないメンバーのやる気を引き出すにはどうしたらよいのかを考えたことがあったり、自分達のリーダーやキャプテンにはどんな人がふさわしいのか考えたりしたこともあったでしょう。その中で人間関係の維持に苦心した人もいるでしょう。こうしたことは第2部（組織を知る）の話にもつながります。

さらに、部活動で、対戦相手（ライバル）に勝つにはどうしたらよいのか、自分達の強みを生かすにはどんな戦い方をすればよいのかを考えることは、第3部（企業を知る）の中の経営戦略の問題につながってくるでしょう。また生徒会や部活動で、活動に必要なお金をどう管理すればよいのか、活動報告を誰にもわかるように説明していくにはどうしたらよいのかを考えることが、第4部の会計の問題について考えることの第一歩なのかもしれません。

このように、これまで皆さんの人生に関わりのないようにみえて、皆さんの過去および現在の日常に非常に結びついているのが経営学です。もちろん、実社会の中の組織は、これまで皆さんが所属した組織よりも複雑な仕組みや制度があったり、解決策を見つけ出すことが難しい課題に直面していたりすることも確かでしょう。しかし、私たちはまずは身近な類似の問題に絡めて考えていき、そこから徐々に複雑な問題に入っていくことでスムーズに経営学の学びに入れると考えました。

2 ｜ 多様な学問分野からのアプローチが必要となる経営学

本書のもう1つの特徴として、心理学に関する章が展開されていることが挙げられます。組織の経営を行っていく上で生じるさまざまな課題を解決するには、広い範囲の学問領域の成果を応用して考えていく必要があります。

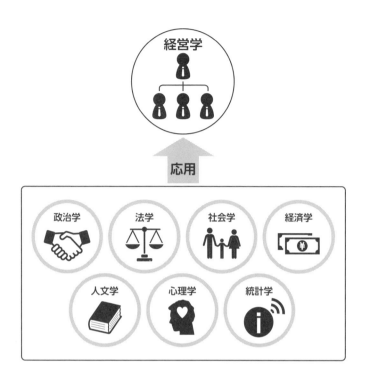

　社会学、経済学をはじめ、時には人文学的なアプローチで考えることが問題の解明に役に立つこともあります。これまでも経営学の各専門領域では、経営学以外の別の学問領域の成果が課題の解決に積極的に応用されてきました。

　本書では、経営の課題の解決に役立つ学問領域として、特に心理学に注目しています。本書の著者たちが所属する北海学園大学経営学部では、カリキュラムの中に心理・人間行動のコースがあり、心理学の研究者を専門科目の教員として幅広く揃えている全国でも珍しい学部です。そこで、心理学がどのように経営の課題の解決に生かすことができるのか、なぜ経営学と心理学を一緒に学ぶ必要があるのかを理解してもらうようにしました。経営学は、

心理学をはじめとしたさまざまな学問分野を応用して、より現実的に多くの組織が直面している問題を解決しようとしていく学問ともいえます。それは同時に多様な専門性を身に付けた人材の育成が今日の社会において求められていることの表れでもあります。

　本書は、第1部の第2章、第3章で消費者理解のための心理学を、第2部の第6章、第7章で組織の人間行動を理解するための心理学を、心理を専門とする研究者が執筆しています。もちろんその後の章についても、たとえば、第12章のファイナンスの分野には投資判断等に人間の心理状態の要素を組み込んだ行動ファイナンスと呼ばれている領域があったり、第9章の経営戦略の分野でも戦略意思決定者の認知的側面に関する研究があったりと、心理学の知見を応用した研究は経営学のさまざまな分野でみることができます。

　経営学部での学びの領域は、本書の13の章だけには収まりません。経営学の領域は非常に幅広く多彩な領域から構成されています。皆さんが経営学を学びたいと思うきっかけになった分野は特定の1分野だけかもしれません。けれども扉を開けてその世界に入ってみると、当初は強い興味や関心がなかった科目の中に予想外の面白さを見出したり、描いていたイメージとは異なったりすることに何度も出会うはずです。在学中にあなたが強く関心を持ち、大学での学びを代表するような分野に出会うことを、私たちは願ってやみません。

　まずは本書を開くことで、経営学の学びの扉を開けてみましょう。

目　次

第 1 部
消費者を知る

第1章　マーケティング
消費者のニーズを充足させ、売れるモノをつくる

- 1-1　マーケティングの仕事は大変? ─── 006
- 1-2　売るための仕事は面白い ─── 008
- 1-3　作ったものを売る？　売れるものを作る？ ─── 009
- 1-4　消費者に対して価値を提供する ─── 012
- 1-5　マーケティング戦略のプロセス
  ──消費者にとっての価値を創造し、提供し、伝達する ─── 014
- 1-6　消費者の理解とマーケティング ─── 015

第2章　行動意思決定
"決める人"としての消費者を理解する

- 2-1　表現によって変わる消費者心理
  ──同じ商品なのに、抱く印象は違う ─── 020
- 2-2　"お金の使い道"に依存する消費者心理
  ──同じ金額なのに、財布の紐は違う ─── 024

2-3　状況に影響される消費者心理
　　　——同じ情報なのに、扱い方は違う ———————————— 028

2-4　消費者心理と心理学的プロセス
　　　——商品や価格が同じなのに、消費者の感じ方が違うのはなぜ？ ———— 032

第3章　社会心理学
モノを買う行動を社会心理学の知見から考える

3-1　消費者行動モデル ———————————————————— 036
　1｜AIDMA モデル　036
　2｜AISAS モデル　037
　3｜VISAS モデル　038
　4｜精緻化見込みモデル　038

3-2　消費行動を決める要因としての口コミの影響 ————————— 040

3-3　販売者側からの対人的影響 ———————————————— 041

3-4　賢い消費者であるために ————————————————— 044

第2部　組織を知る

第4章　経営管理
人の行為から組織の活動を俯瞰する

4-1　「経営」するってどういうこと？ ——————————————— 052

4-2　人の行為を引き出す「経営」 ———————————————— 053

4-3　組織志向（内向き）の経営 ————————————————— 054

4-4　市場志向（外向き）の経営 ————————————————— 057

4-5	うまく作ること——組織の能率	059
4-6	うまく売ること	060
4-7	新しいものを生み出す	062
4-8	経営学の新しい展開	064

第5章 人的資源管理
人を動かし、人が動いていくための制度を知る

- 5-1 日本企業における人的資源管理という用語 ── 068
- 5-2 日本企業における人的資源管理 ── 069
- 5-3 日本企業における人的資源管理の諸領域 ── 071
  1. 新規学卒者定期一括採用　071
  2. 企業内教育　072
  3. 長期の競争　075
- 5-4 人的資源管理論を学ぶ意義 ── 076

第6章 組織心理学
組織で働く個人と集団を理解する

- 6-1 組織における個人 ── 080
  1. モチベーションを理解する　080
  2. 職務や組織への適応を高める　083
  3. ストレスをマネジメントする　086
- 6-2 組織における集団 ── 089
  1. 集団の特性を知る　089
  2. リーダーシップの効果を高める　091
  3. 組織・集団のエラーを防ぐ　094

第7章 人間関係を知る
ソーシャルスキルから人間関係を理解する

- 7-1 ソーシャルスキルとは何か? ———————————— 100
- 7-2 あなたのソーシャルスキルはどれくらい? ———————— 102
- 7-3 ソーシャルスキルの種類 ———————————————— 105
- 7-4 ソーシャルスキルをどのように高めていくか? ————— 107

第3部
企業を知る

第8章 企業論
企業・会社制度からビジネスを考える

- 8-1 企業という存在 ———————————————————— 114
- 8-2 企業の諸形態 ————————————————————— 115
    - 1 ｜ 個人企業　117
    - 2 ｜ 法人企業　117
    - 3 ｜ 合名会社　118
    - 4 ｜ 合資会社　119
- 8-3 株式会社制度 ————————————————————— 121
    - 1 ｜ 株式発行の意義　121
    - 2 ｜ 株式会社の機関設計　122
    - 3 ｜ 株式の自由譲渡性を担う証券取引所　123
- 8-4 大企業のジレンマ —————————————————— 124

第9章 経営戦略
企業の成長と競争優位を実現する

- 9-1 戦略とは何か — 130
- 9-2 企業成長の戦略 — 133
- 9-3 競争優位の戦略（ポジショニング・アプローチ）— 137
- 9-4 競争優位の戦略（資源ベース・アプローチ）— 140
- 9-5 SWOT分析（企業の外部環境分析と内部環境分析の統合）— 143

第10章 経営史
企業の歴史を知ることで今を知る

- 10-1 企業の歴史を過去に遡って考える意義 — 150
  1. 企業の個性を生い立ちから理解する 150
  2. 制度や慣行の「起源」を理解する 151
  3. 企業の強みの源泉を理解する 153
- 10-2 歴史の積み重ねにより生まれる経路依存性 — 154
  1. ガソリン自動車の普及 155
  2. 経路依存性とは何か？ 156
  3. 地域企業／地場産業の発展にも経路依存性が影響 157
- 10-3 経路依存性を乗り越える企業家 — 158
  1. 旧弊に立ち向かう企業家 159
  2. 企業家と組織文化 160
- 10-4 企業経営への理解を深めるために — 161

第4部
企業のお金の仕組みを知る

第11章 会計学
企業活動を「視える化」する

- 11-1 会計とは何なのか ─── 168
- 11-2 会計と経営資源 ─── 169
  - 1 │ 経営資源：「ヒト」、「モノ」、「カネ」 169
  - 2 │ 会計と「ヒト」、「モノ」、「カネ」 171
- 11-3 会計と企業活動 ─── 171
  - 1 │ 企業活動の分類とステークホルダー 171
  - 2 │ 企業活動と会計学上の概念 173
- 11-4 会計の機能と財務諸表 ─── 175
  - 1 │ 株式会社とステークホルダー 175
  - 2 │ 会計の機能 176
- 11-5 会計の2つの領域 ─── 177
  - 1 │ 財務会計と管理会計 177
  - 2 │ 2つの領域の共通のデータ 178
- 11-6 企業活動と財務諸表 ─── 179
  - 1 │ 財務諸表の内容 179
  - 2 │ 企業活動と財務諸表の関係 182
  - 3 │ 財務諸表の構成要素と構造 182

第12章 コーポレート・ファイナンス
効果的なお金の使い方を考える

12-1 企業の生産プロセス
　　　──企業活動と経営資源の関わり ─── 186

12-2 企業におけるお金の流れ ─── 188
　　1 │ 企業におけるお金の流れ　188
　　2 │ お金の流れの記録　190

12-3 コーポレート・ファイナンスの対象 ─── 191
　　1 │ 資本調達決定　191
　　2 │ 投資決定　191
　　3 │ 配当決定　192
　　4 │ 意思決定の基準：企業価値の創造　192

12-4 資本コストに基づく意思決定 ─── 192
　　1 │ 資本提供者の存在を意識する　192
　　2 │ 資本コストを意識した投資決定　193
　　3 │ 資本コストを意識した資本調達決定　194

12-5 コーポレート・ファイナンスの学びを
　　　実りあるものにするために必要となる知識 ─── 195
　　1 │ 会計学的な知識　195
　　2 │ 株式会社制度に関する知識　196
　　3 │ ファイナンスに関する知識　197

第13章 管理会計
会計情報で経営者を支援する

13-1 企業経営における管理会計の役立ち ─── 200
　　1 │ 企業経営のPDCA　200

2 ｜ 管理会計の目的　201
13-2 マネジメント・コントロール・システム ──────── 202
　　　1 ｜ マネジメント・コントロールの意義　202
　　　2 ｜ 企業予算の機能と責任会計制度　203
13-3 管理会計と原価計算の関係 ───────────── 205
　　　1 ｜ 原価計算の目的　205
　　　2 ｜ 会計情報を経営管理に活用する　207
　　　3 ｜ 損益分岐点分析　208
13-4 バランスト・スコアカード ─────────────── 210
　　　1 ｜ バランスト・スコアカードの意義　210
　　　2 ｜ 戦略策定のマネジメント　211
　　　3 ｜ 戦略実行のマネジメント　213

事項索引　219
人名索引　226

ナビゲート経営学
―心理・経営・会計を学ぶ―

第 1 部
消費者を知る

SUMMARY

皆さんは、消費者として、日々の生活の中で、実に様々な問題を認識し、それを解決するための手段として様々な製品やサービスをお金を出して購入しています。それに対して、製品・サービスの売り手側は、消費者である皆さんに対して、自社の製品やサービスを知ってもらい、中身を理解し、好きになってもらい、買ってもらい、さらに最終的に皆さんの抱える問題を解決してもらうことを目指して多大な努力を行っています。こうした努力に相当する部分をマーケティングと呼んでいます。

第 1 章で、このマーケティングの基礎を知り、マーケティングを成功させるためには買い手側である消費者のことをよく知ることの重要性を理解していきます。さらに第 2 章、第 3 章で、消費者のことをよく理解するために心理学の知識がどのように役に立っていくのかを学習しましょう。

第 1 章

マーケティング
消費者のニーズを充足させ、売れるモノをつくる

SUMMARY

企業は、皆さん自身でもあるモノやサービスを購入する消費者に対して自社で企画、生産、販売している製品やサービスを知ってもらい、中身を理解し、好きになってもらい、買ってもらい、さらには使って喜んでもらうために、日々多大な努力を行っています。この多大な努力に相当するのが、本章で取り上げるマーケティングと呼ばれている活動です。マーケティングは、消費者に自社の製品・サービスを購入してもらうための活動、言い換えれば自社の製品・サービスが売れるようにするためにはどうするのかを考え、それを実行していくための諸活動を指しています。

1-1 マーケティングの仕事は大変?

　サマリーで述べたように、マーケティングは消費者に自社の製品やサービスを買ってもらうための活動、もう少しわかりやすくいうと消費者に売れる仕組みを作るための活動ともいえます。企業活動の中でも、最も消費者のことを知らなければならない活動であるともいえるでしょう。

　しかし、一言で消費者に「買ってもらう」ための活動といっても、この活動を成功に導いていくのは簡単なことではありません。日頃利用しているコンビニエンスストアで目にするような清涼飲料、食品、ヘルスケア商品などの分野では大きな売り上げを記録するヒット商品が毎年登場するその一方で、その1年間で発売された商品の中で1年後も棚に残っているものはごくわずかといわれています。また営業部門では、しばしば新しい消費者を開拓するために飛び込み訪問などを行うことがありますが、その中で契約の見込みのある消費者を見つけ、さらに注文にこぎつけることができる確率は非常に低いともいわれています。製品・サービスを売るための仕事は、なぜそんなに難しい仕事なのでしょうか?

　製品やサービスの売買は、現代社会では多くの場合は市場、もう少し特定化すると製品市場を通じて行われていきます。製品市場には少なくとも**図表1-1**のようなプレーヤーから構成されます。マーケティングの仕事が他の仕事と異なるのは、こうした企業の外にいる市場のプレーヤーたちに働きかけることがメインの仕事だということにあります。

　そのプレーヤーの第1は、**消費者**です。自社の製品やサービスの購入者になってくれそうな消費者を見つけ出し、彼らに自社の製品を理解し、手にとって買ってもらうことを考えなければいけません。会社という同じ組織の中で上司が部下に対して仕事の指示をするように、あるいは部活動で監督、コーチ、先輩が皆さんに指示をするのと同じように、消費者にわが社の製品を買うようにと指示するということは多くの場合はできません。買うかどう

図表1-1 | 現代のマーケティング・システムにおける主な要素

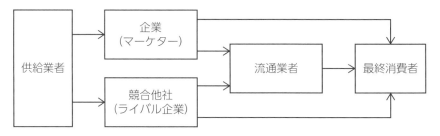

出所:Kotler & Armstrong [2002] (恩蔵監修 [2014] p.18, 図1-2)を筆者修正のうえ作成。

かは、多くの場合、消費者自身の判断に最終的には委ねられるのです。

2つめの市場のプレーヤーとして、同じ消費者に対して、類似の製品やサービスを提供している**競合他社**の存在があります。スーパーマーケットやコンビニエンスストアに行けば、様々な会社から発売されている実に多くの商品が所狭しと並んでいます。また今日ではスマートフォンやPCを通じてウェブ上でいつでもどこでも欲しいものを購入することができますが、検索をすればこれも多数の商品が提示され、消費者は幅広い選択肢の中から選択していくことになります。これらの中には長年にわたってロングセラーを続けている老舗の有力ブランドも多数存在しているような市場も数多くあります。これらの有力ブランドがひしめく中で、消費者に自社の製品を手にとって、選んでもらえるようにするのは簡単なことではありません。

他社製品との競争をくぐり抜け、自社製品を消費者に手に取ってもらうためには様々な企業・組織の協力が不可欠です。たとえば、消費財に話を限定すれば、消費者に自社製品を購入してもらう前に大きく立ちはだかる重要なプレーヤーとして**流通業者**の存在があります。多くの消費財は、メーカーの営業担当者が、直接、消費者に販売しに行くことはありません。たとえば、あなた自身がチョコレートを購入する際に、お菓子のメーカーの営業担当者から直接購入したり、そのメーカーの工場や営業支店まで出向いて購入したりするなんてことは、まずないでしょう。多くの人は、コンビニ、スーパー

などといった小売業者が運営する店舗で購入しているはずです。どんなにすばらしい製品・サービスを開発しても、こうしたメーカーと消費者の間を繋ぐ流通業者の協力を得ることなくして、それが流通し、多くの消費者の目に触れることはないのです。

この他にも1つの製品を「売る」という目的を達成していくためには、様々な困難に直面していくことになります。そんな企業にとって手ごわい人や組織から構成される市場の世界では、成功への経路（正解）は1つではありません。大きな売り上げを上げたという1つの正解は出たとしても、それが唯一の正解とも限りません。そんな世界をこれから皆さんは学んでいくことになります。

1-2　売るための仕事は面白い

しかし、一方で売るための仕事は、非常に魅力的な側面もあります。売れる商品、いわゆるヒット商品を出すと多くのメディアが華々しくそれを取り上げ、その仕掛人とも呼べる人は多くの注目を受けることがあります。そして成功した時は、それが世の中のトレンドや流行を形作ることもあります。マーケティング努力の成果の向こうには、世の中の動きをつくることにまで発展することもあるのです。

売るための仕事を達成するには実に幅広い能力が必要です。他の企業が思いつかないようなユニークな製品・サービスをいち早く生み出していくためには独創的な思考が必要になるでしょう。あるいは、製品のプロモーション手段の1つである広告を制作するには、芸術作品を制作するようなセンスが求められたり、テレビCMなどでは時にはとても高度なユーモアのセンスが求められたりすることもしばしばあります。

その一方で、売るためには、地道な作業も少なくありません。営業担当者は、流通業者の店舗に出向いて自社製品をなんとか扱ってもらうように一生

懸命説明をする、仕入れ担当者のところに定期的に通う、新規の販売契約をとるために飛び込み営業をするなんてことも、売れるという状況を形成していくためには必要不可欠な活動となります。どんなに優れた商品企画力があったり、クリエーティブな広告を制作する力があったりしても、これらの面が疎かになっていては最終的に成果を上げることはできません。広告の文案やセールストークも感情に訴えるだけでなく、自社製品の魅力を読んでいる人が納得するように論理的に説明をしていくことも、当然重要です。売るための努力は様々な作業が混在する多様な側面を持っています。

こうした様々な活動が結集して、ようやく「売れる」という成果につながっていくのです。論理と感情、華やかさと泥臭さ、すべてうまく組み合わされていって、製品・サービスを売るという仕事が達成されていくのです。

最後に、売れるということは多くの人々から自分の努力が認められたことでもあります。努力を利害関係のない他者から認められた時の喜びは、皆さんのこれまでの人生の中でも何度か経験した人もいるでしょう。

1-3 作ったものを売る？　売れるものを作る？

それでは、自社の製品・サービスを売れるようにするという難題を解決していくには、どうしたらよいのでしょうか。ここからは、この難題を解決するための基本的な考え方と具体的な方策の2つに分けて考えてみましょう。

この前者の基本的な考え方のレベルにおいて、マーケティングでは、**マーケティング・コンセプト**という考え方があり、売るための具体的な方策を考えるに際して、この考え方がその基本となります。マーケティング・コンセプトとは「組織目標を達成する鍵は、その選択した市場において、競争相手より優れた顧客価値を選択し、受け渡し、伝達することである（Kotler & Keller［2005］（恩藏監訳［2008］p.20））」とされています。

この考え方の特徴を理解するには、**販売コンセプト**という考え方と対比し

て見ていくとわかりやすいでしょう。**図表1-2**にあるように、まず両者は出発点と焦点が対照的であることがわかります。

販売コンセプトにおいて出発点が工場であるということは、組織は、工場で製品・サービスを生産した後になって初めてそれを市場で販売するための方策を考えるということを意味しています。すなわち、すでに生産してしまったものをいかに売っていくのかという発想で販売という問題を解決しようとしているということになります。販売コンセプトのように、作ったものを売るというふうに考えることは、消費者の求めているもの、すなわち消費者のニーズに適ったものであるかどうかが考慮される前に製品が生産されていくことを意味します。それを販売してみて消費者のニーズに適わない製品であることがわかれば、売りさばくための努力をしない限りは売れ残っていくことになります。売れ残りを回避するには、欲しくないものを人々に強引に売りつけて、処分をする方向に向かっていくかもしれません。具体的には、高圧的なセールストークのテクニック、消費者の刺激を誘うような値引きの仕方、消費者にわからないように価格を上げる手法などといったことを活動の中心として考えることになっていきます。そのため、販売コンセプトの考

図表1-2｜販売コンセプトとマーケティング・コンセプトの比較

出所：Kotler and Armstrong [2002]（恩蔵監修 [2014] p.25, 図表1-3）を筆者修正のうえ作成。

え方が定着してしまっている組織では、たとえ消費者からの評判は悪かったとしてもセールストークのうまい販売員が高い評価を受けていくような状況が生み出されていく可能性も出てくるでしょう。

　一方、マーケティング・コンセプトの考え方では出発点は市場であり、焦点が消費者ニーズにあります。つまり、製品を生産する前に消費者に売れる製品とは何かということを考えることになります。売れる製品を作るために、まず出発点にしなくてはならないのは、市場を構成している消費者であり、その消費者ニーズにまず焦点が当てらなければならないと考えるのです。消費者のニーズを満たす売れる製品が最初から把握できていれば、販売コンセプトのところで取り上げたような、相手（消費者）が欲しくもない製品を強引な販売活動によって売りさばいていくような活動に頼らなくても、売るという問題を解決することができます。**ドラッカー（Drucker, P.F.）**がマーケティングはセリング（Selling）を不要にすることであると述べたように、マーケティングはむしろそういう強引な販売努力をなくすためにあるのだともいえます。

　次に、販売コンセプトの下では、製品を売るという問題を解決することは、製品を生産したのちに営業・販売部門にのみ課せられた問題でした。しかしながら売れるものをいかに作るかというマーケティング・コンセプトの考え方を採用すると、市場対応の問題は、営業部門やマーケティング関係部門だけが考えていればよい問題ではなく、技術部門や製品の生産部門も消費者の声に適応し、消費者のニーズに適った製品をつくっていくように方向づけられていくようになります。

　最後に、マーケティング・コンセプトは、消費者満足から得られる利益を目標においている点に注目してください。マーケティング・コンセプトでは消費者の満足を伴わない高業績は長続きしないと考えます。相手の満足度を高めることが高い業績に結びつくと考えるのです。その点では、マーケティングは売ってしまえばそれで成功なのではなく、自社の製品やサービスを購入した消費者が、買った製品に満足し、自らが抱えている問題の解決に役立

てもらうことができて初めて成功したということができるでしょう。マーケティングは売ることを考える以前に相手（消費者）にとって役に立ち、相手が喜んでくれることを考えるものともいえます。さらには特定の相手（消費者）だけでなく、広く社会が抱える問題を解決するものとしてマーケティングを捉える見方もあります。

しかし繰り返しになりますが、それがとても難しいのです。マーケティングの専門研究書には確かに難しい用語が出てくることもあります。また時代の変化と共に新しい用語、新しい考え方が次々に現れます。それは相手に買ってもらい、満足してもらうということを実現するのは難しいからだともいえるのです。

1-4　消費者に対して価値を提供する

前述したように、マーケティング・コンセプトを採用する企業は、作った製品を売るのではなく、売れる製品をいかに作るのかという考え方で対応します。ここで売れる製品とは、消費者が自分たちにとって金銭を払ってまでも入手するほど価値の高い製品・サービスであることを意味しています。マーケティング・コンセプトの考え方を基にしていくなら、この意味での価値の高い製品やサービスを消費者に提供する必要があります。

消費者にとっての価値を構成するものの1つは、企業が提供する製品・サービスが消費者にもたらしてくれる**便益**です。ここで便益とはその製品を購入することによって消費者が得ることのできるあらゆるポジティブな事柄を指します。**レヴィット**（Levitt, T.）というマーケティング学者が取り上げて有名になった、「顧客はドリルにお金を払っているのではなく4分の1インチの穴にお金を払っているのだ」という話と同じように、扇風機でいえば、羽根にお金をだしているわけではなく、扇風機がもたらす涼しさにお金を払っているといえますし、ホテルの宿泊客はコンクリートの建物にお金を

払っているわけではなく、ホテルで過ごすことで得られる休息、深い睡眠、あるいは贅沢感を味わう経験などにお金を払っていると考えることになります。消費者は製品そのものに価値を見出して金銭を払っているのではなく、製品のもたらす便益を得たいから金銭を支払っていると考えるのです。

しかし、その製品・サービスを購入することによってどんなに役に立つことや楽しいことが獲得することができたとしても、消費者がそれを入手するには様々な**コスト**（負担）がかかります。コストが高まれば、どんなに高度な便益をもたらしてくれる製品・サービスでも、購入意思が高まることはないでしょう。ここでのコストとは、製品を手に入れるためにお金を支払うという金銭的なコストだけでなく、非金銭的なコストもあります。ある商品を、どこの店で購入したらいいのかわからず電気店を何軒も回ることや、カタログを入手したり、インターネットで評価を調べたり、口コミ情報を得ようとしたりといった情報収集にもそれなりにコストがかかります。

消費者にとって価値のある製品・サービスといえるのは、コスト以上の便益を提供できた場合、コストに見合った便益を提供できた場合といえます。**図表1-3**の価値マップ上の45度線のように少なくとも、便益とコストが

図表1-3｜価値マップ

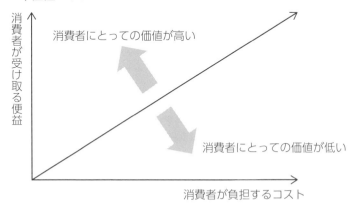

出所：筆者作成。

一致しなければ（つまり、コストに見合った便益が得られなければ）、消費者が製品を購入する意思を強く持つことはないでしょう。こうした意味での「便益－（マイナス）コスト」が高い（あるいは「便益／コスト」が高い）ほど、消費者が製品から受け取る価値が高くなるのであり、消費者の購入意思が高くなることになります。

1-5 マーケティング戦略のプロセス ——消費者にとっての価値を創造し、提供し、伝達する

　このようなマーケティング・コンセプトの考え方を徹底し、消費者にとって高い価値を提供していくために、企業はマーケティング戦略を策定し、実行していく必要があります。高い価値を提供するという点からマーケティング戦略を見ていくと、**価値の選択**、**価値の受け渡し**、**価値の伝達**の3つの段階に分けることができます。

　「売れる製品をどうつくるか」ということはすなわち、ビジネスを成功させていくためには、製品・サービスを作る前に考えるべきことがあるのだということを示しています。それが、最初の価値の選択の段階といえます。価値の選択の段階は、誰（Who）にどのような価値（What）を提供するのかを決める段階です。どんな人々をターゲットとして想定するのかを考えるには、消費者を何らかの基準を元にいくつかの下位集団の分類していく**セグメンテーション（Segmentation）**をしたうえで、識別されたセグメントの中から標的とする**消費者セグメントを選択する（Targeting）**ことになります。さらにターゲットとして選択した消費者に何を提供するのかを決めるのが、**ポジショニング（Positioning）**の選択の段階です。ターゲットとして選定した消費者セグメントに対して、自社の製品やサービスは何をしてくれるのかを明らかにしていく段階ともいえます。特にここでは競合製品との対比で考えていく必要があります。自社の製品・サービスのどんなことが他社製品よりも消費者に提供できるのかを検討しなければなりません。この段階は、セ

グメンテーション、**ターゲティング**、ポジショニングの頭文字をとって **STP** と呼ばれます。

　価値の受け渡しの段階は、製品・サービスの開発、製品を製造するための資材調達や製造方法の選択、製品の付随するデザインやパッケージ、価格決定、販売経路が決定される段階になります。

　価値の伝達とは、消費者に自社の製品を知ってもらい、その中身を理解し、好意を抱き、購入してもらうことを促していくための活動です。前者が **Product**、**Price**、**Place**、3段階目が **Promotion** の段階となります。この4つはそれぞれの頭文字をとって **4P** と表現され、さらにこれらの組み合わせを**マーケティング・ミックス**といいます。

1-6　消費者の理解とマーケティング

　前述したように、マーケティングを行っていくには、買い手である消費者のことをよく調査し、理解をしなければなりません。そのためにマーケティングでは、**マーケティング・リサーチ**という調査をする段階が重要になります。リサーチには様々な手法がありますが、そのマーケティング・リサーチの基礎として、消費者の購買行動を理解することが大切になります。

　ターゲットにしている消費者が製品を購入する際の購買の候補として考慮するのはどの会社のどのブランドなのかを明らかにすることで、自社製品の競争相手を識別することにつながります。企業は、消費者の頭の中に思い浮かべる購入の候補の中に自社製品が組み込まれ、さらに、その中で選ばれることを目指して競合他社と競い合っているのです。

　さらに消費者は購買に際して、購入候補の製品が自分にとってどれほど価値のあるものなのか、どの製品が一番自分にとって価値が高いのかを明らかにするために、何らかの評価基準を持つことになりますが、どんな基準をどの程度重視しているのかを明らかにすることで、適切なポジショニング戦略

を考案することにつながります。ある性能に関して、自社製品がどんなに他社製品に比べて優れていたとしても、その性能が、消費者が購買に際して大して重要視していないのであれば、自社製品が選ばれる確率は高まらないでしょう。消費者のことをよく知ることで、企業は自社製品を1番選んでもらいやすいようなポジションに位置づけることができます。

　こうした一連の**購買意思決定プロセス**に影響を与えている要因には様々なものがあります。1つは消費者の内面的な要因で、記憶の中にあるブランド・イメージの強さ、製品に関する知識の豊富さ、購買に対する関心や思い入れの強さなどが考えられます。もう1つは外的な要因で、**口コミ**や影響力のある他者、消費者が所属している組織や集団の価値観に大きく左右されることもあります。これら購買意思決定に影響を与える要因をしっかり把握しておくことが適切なマーケティング戦略に結び付きます。たとえば、製品に対する関心の高さが相当に違うのなら、それがターゲットを決めるためのセグメンテーションの基準として活用されていくことになります。高関心の消費者グループ、低関心の消費者グループなどといったように分類していき、それぞれのグループの購買行動の特性に見合ったマーケティングが展開されていくことになります。

　その消費者理解のために役に立つのが心理学の知識です。たとえば、このあとの第2章を読むと、企業がこれは絶対に他社には負けない商品だと思って発売しても、それを受け止める側の消費者は、必ずしも企業が意図した通りに評価してくれるとは限らないことがわかります。少しでも優れた製品・サービスを作ることは企業の経営において基本ですが、それだけでは不十分で、消費者が頭の中でどのような情報処理をし、評価を形成していくのかをよりよく知ることが良い成果につながっていくのです。

　また第3章で説明されている口コミなどの対人関係が消費者にもたらす影響も心理学の中に多くの知見があります。どんな場合に口コミが消費者に与える影響が大きくなるのかがわかれば、それに応じたプロモーション戦略の組み立てが可能になるでしょう。

消費者を理解するために心理学の知識がどのように役立つのか、第 2 章、第 3 章を通じて学習してください。またマーケティングと心理学の橋渡しになる学問領域として**消費者行動論**という領域があります。学習の後に読むべき本の中に消費者行動論の基本テキストも提示しておきました。消費者行動論を学ぶことで、心理学の知識が消費者理解のためにどのように役立つのか、消費者を理解することがマーケティング戦略の構築にどのように役立つのかをより深く知ることができます。

参考文献

- Drucker, P.F.［1954］*The Practice of Management*, Harper & Row.（上田惇生訳［2006］『ドラッカー名著集　現代の経営（上）』ダイヤモンド社）
- Kotler, P. and G. Armstrong［2002］*Marketing: An Introduction, 6th ed.*, Pearson.（恩蔵直人監修、月谷真紀訳［2014］『コトラーのマーケティング入門』丸善出版）
- Kotler. P. and K.L. Keller［2005］*Marketing Management 12th edition*, Prentice Hall.（恩蔵直人監訳、月谷真紀訳［2008］『コトラー＆ケラーのマーケティング・マネジメント』ピアソンエデュケーション）
- Levitt, T.［1960］Marketing Myopia, *Harvard Business Review*, Vol.48, No.3, pp.45-56.
- フィリップ・コトラー、ゲイリー・アームストロング、恩蔵直人［2014］『コトラー、アームストロング、恩蔵のマーケティング原理』丸善出版。

学習の後に読むべき本

- 日本マーケティング協会監修、尾上伊知郎・恩蔵直人・三浦俊彦・芳賀康浩編著［2010］『ベーシック・マーケティング―理論から実践まで―』同文舘出版。
- 久保田進彦・澁谷覚・須永勉［2013］『はじめてのマーケティング』有斐閣ストゥディア。
- 青木幸弘・新倉貴史・佐々木壮太郎・松下光司［2012］『消費者行動論　〜マーケティングとブランド構築への応用〜』有斐閣アルマ。

第 **2** 章

行動意思決定
"決める人"としての消費者を理解する

SUMMARY

消費者は毎日、多くの商品やサービスを購入しています。購入するためには、"決める"ことが必要です。「買うか？買わないか？」、「どれを買うか？」など、消費とは"決める"ことだといってもよいのかもしれません。その時、品質や価格はとても重要でしょう。ところが、同じ品質、同じ価格でも、消費者の決定は同じだとは限りません。単なる気まぐれだけが原因でしょうか？　実は、消費者が商品やサービスをどのように認識しているかという心理プロセスにも原因があります。そのプロセスは消費者を取り巻く状況に影響を受けることがわかっています。そのため、同じものであったとしても、時に異なった決定、そして異なった振る舞いをしてしまうのです。

2-1 表現によって変わる消費者心理
——同じ商品なのに、抱く印象は違う

「この商品は過半数のお客さんが買っていきました」という広告を見ると、ちょっと見てみようかなと思います。一方、「40％以上のお客さんには人気がありませんでした」といわれると、気持ちが惹かれることは特にありません。でも、これ、実は同じようなことをいっているだけです。それなのに、なぜ、消費者の反応は異なるのでしょうか？

まずは簡単な質問に答えてみてください。この質問は"アジアの疾病"問題という名前がついており、**トベルスキー**（Tversky, A.）と**カーネマン**（Kahneman, D.）によりアメリカの大学生に対して行われた有名な質問です（Tversky & Kahneman [1981]）。

> アメリカで、ある珍しいアジアの病気が突発的に発生した、と想像してください。その病気による犠牲者の数は600人と予想されています。その対策として、2つの対策が提案されました。それぞれの対策がもたらす結果については科学的に厳密に評価されており、以下のように報告されています。
> 対策Aが採用されると、200人の人々が助かります。
> 対策Bが採用されると、1/3の確率で600人の人々が助かりますが、2/3の確率で助かる人は誰もいません。
> どちらの対策を採用しますか？

この質問に対して、対策Aを選ぶと答えた学生は72％もいましたが、一方、対策Bを選ぶと回答した学生は28％に過ぎませんでした。多数決ならば、対策Aが実施されることになります。

一方、別の学生たちに対しても同様の質問をしました。その質問では、病気の説明は同じでしたが、別の対策が提案されました。その対策とは

対策Cが採用されると、400人が死亡します。
対策Dが採用されると、1/3の確率で誰も死亡しませんが、2/3の確率で600人の人々は死亡してしまいます。

　この質問をされた学生たちの22％が対策Cを選んだのに対して、対策Dを選んだ学生は78％もいました。つまり、多数決ならば、対策Dが選ばれることになります。

　さて、（ちょっとわかりにくいですが）実は最初のグループに選んでもらった対策と2番目のグループに選んでもらった対策は同じです。人々にとって、生きるか死ぬかの2通りの可能性しかありません。ですから、600人の犠牲者が予測されている場合、200人を助けることができる対策A（残り400人は死亡）は、400人が死亡してしまう対策C（残り200人は助かる）と同じです。同じように、対策Bと対策Dは同じものです。それなのに、最初のグループは対策Aを、一方2番目のグループは対策Dを選んだのです。矛盾していますよね？　その理由は何でしょうか？　単に、最初のグループと2番目のグループでは、学生の価値観や好みが異なっていただけでしょうか？そういう理由だけではなさそうです。なぜなら、同じ人々に（少し時間をおいて）最初の質問と2番目の質問をすると、最初は対策Aを選んだのに、2番目では対策Dを選ぶという人々が（半数以下ではありますが）ある程度の割合で存在するのです。

　同じものであるにもかかわらず、ある時は選び、別の時は選ばない。これは矛盾した選択といえます。矛盾が生じた原因は、それらが記述された仕方、すなわち記述の枠組みにあります。対策AとBでは"助かる"という記述がされている一方で、対策CとDでは"死亡する"という記述です。つまり、前者は"何人助かるか？"という枠組みで説明されているのに対し、後者の枠組みは"何人死亡するか？"なのです（冒頭の例は、"買った人は何人か？"の枠組みと、"買わなかった人は何人か？"の枠組みの違いです）。記述の枠

組みは、目の前にある問題を人々がどのように捉えるかに対して影響を与えることになります。その結果、人々の選択が変化するのです。

このような現象は、**フレーミング効果**（または**枠組み効果：Framing Effect**）と呼ばれます。もちろん、人々が選ぶ対象はその対策（または商品）そのものです。その客観的特徴だけに基づいて選べばよいだけです。しかし、消費者をはじめ人々は、それがどのように記述されているかといった、その状況ごとの要因に影響を受けるのです。この現象は**状況依存性**（Context Dependency）と名付けられています。そのため、同じものであっても、状況ごとに消費者の行動は変化するのです。

枠組みの影響はいろいろとあります。（ちょっと極端な例ですが）次の質問に答えてください。

> ギャンブル問題
> 　どちらか一方を選んでください。
> 　選択肢A：25％の確率で200万円を失うが、75％の確率で何も失わない。
> 　選択肢B：100％の確率で50万円を失う。

たぶん、多くの人が選択肢Aを選ぶでしょう。甘んじて損を受け入れたくはありませんからね。実際に、80％の回答者が選択肢Aを選んだと報告されています（Slovic et al. [1982]）。逆にいうと、選択肢Bを選ぶ人は少数派です。

では、次の質問はどうでしょうか？

> 保険問題
> 　あなたは、200万円相当の美しいガラス製の美術品を持っています。ただ、非常に壊れやすく、平均すると25％の確率で壊れると予想されています。そこで、保険会社にたずねたところ、保険に入れば、壊れた

場合には全額補償してくれることがわかりました。保険金は 50 万円だそうです。
　あなたは、保険に入りますか？

　たぶん、多くの人は保険に心が傾いたのではないでしょうか？　保険に入っておけば、何かがあっても安心ですからね。実際の研究では、回答者の 65％が保険に入ることを選択しました。
　ですが、実は、保険に入るという選択はギャンブル問題で選択肢 B を選ぶことと同じです。保険に入ると、美術品が壊れた場合にその損失分の金額を払ってくれます。もちろん、壊れなければ、何ももらえません。しかし、壊れようが壊れまいが、保険金 50 万円は必ず払う必要があります。一方、保険に入らない選択は、ギャンブル問題で選択肢 A を選ぶことと同じです（"壊れない方"に賭けたのです）。2 つの問題は金銭面ではまったく同じです。これは"ギャンブル"という枠組みで記述されるか、それとも"保険"という枠組みで記述されるか、によって異なった決定が下された例なのです。
　日本では、数多くの人が保険の契約をしています。大学生も将来、保険の勧誘を受けることもあるでしょう。その時に、一度、考えてみてください。自分がその契約に心が傾いているのは、その内容に魅力を感じているからなのか、それとも、単に"保険"と記述されているからなのか、ということを。
　さて、**フレーミング効果**はなぜ、起こるのでしょうか？　記述の枠組みというのは、その状況を構成する 1 つの要因です。その枠組みによって、消費者が商品やサービスをどのように認識するかという心理プロセスが変化するのです。その過程において、参照点の設定、損失回避性、感応度逓減性、反射効果、社会的規範など多くの要因が関与します。そのため、消費者、そして消費者を含む人々の行動を理解するためには、商品や保険などの客観的特徴だけを考えるだけでは不十分です。現実に起きた行動に至るまでの心理的プロセスに注意を向けることが必要なのです。

2-2 "お金の使い道"に依存する消費者心理
——同じ金額なのに、財布の紐は違う

　消費者は自分の財布の中に入っているお金を使って買い物をします。買い物は楽しいですが、買い物をするために財布に入っているお金が減っていくことは悲しいものです。そのため、支払うお金は少ない方がよいと思っています。しかし、同じ金額が割引されたにもかかわらず、異なる反応が見られることもあります。なぜでしょう？

　さて、買い物に出かけたお店での出来事を想定した質問です（Tversky & Kahneman [1981]）。

> 　あなたが125ドルのジャケットと15ドルの計算機を買おうと思っている、と想像してください。計算機担当の店員が教えてくれたことによると、あなたが買おうと思っている計算機が他の支店では10ドルで売っているそうです。その店までは車で20分かかります。
> 　あなたは、その店まで行きますか？

　この質問をした場合には、回答者の68％が別の店まで行くと回答しました。つまり、多くの人々は計算機の代金として支払うお金を5ドル節約するために、わざわざ別の店まで車を走らせるわけです。

　さて、少しだけ変更した次の質問も行いました。

> 　あなたが15ドルのジャケットと125ドルの計算機を買おうと思っている、と想像してください。計算機担当の店員が教えてくれたことによると、あなたが買おうと思っている計算機が他の支店では120ドルで売っているそうです。その店までは車で20分かかります。
> 　あなたは、その店まで行きますか？

今度は、29％の人々しか他の店まで行くと回答しませんでした。つまり、半数以上の人々は計算機の代金を5ドル節約するために、わざわざ別の店まで車を走らせる必要はないと考えたわけです。
　2つの質問に対する回答は明確に分かれています。しかし、その回答を理解するのはちょっと難しいですよね。だって、どちらの質問でも、「計算機の代金として払うお金を5ドル節約」できるわけです。それなのに、なぜ、異なる決断になったのでしょうか？これは計算機に限ったことではありません。コンビニで「今なら、〜が10円引き」という表示をよく見かけます。わざわざ広告するくらいだから、"たった10円"安くするのは、消費者にとって魅力的なのでしょう。でも、「今なら、大学の授業料が10円引き」と広告されたら、"たった10円"かよ！と文句をいいますよね？　同じ"たった10円"なのに、何が違うのでしょうか？
　その答えは、"たった10円"に対する評価の仕方にあります。その評価は**相対的評価**、つまり、何かと比較することによって下される評価、なのです。計算機の代金でいうと、計算機の定価は、最初の問題では15ドルですが、2番目の問題では125ドルでした。どちらも5ドル引きになるのですが、その値下げに対する評価は、定価との関係によって決まるのです。最初の問題では定価から33％以上も値下げされるのに対し、2番目の問題ではたった4％の値下げです。そのため、同じ5ドル引きでも、最初の問題ではその価値が高く評価される一方で、2番目では評価が低くなったのです。
　このような**相対的評価**は値引きされた金額に限定されたものではありません。物事に対する感じ方に関する基本的な特性だといえます。錯視、という現象を耳にしたことがあるでしょうか？実物と、その見え方が異なるという現象です。有名な例がエビングハウスの大きさの錯視です。**図表2-1**に描かれている、2つの黒い円を見てください。この2つの円の物理的大きさは同じです。しかし、人々が感じる大きさは異なります。左の円の方が右の円よりも大きく感じられるはずです。その原因は黒い円を取り囲んでいる白い円の大きさにあります。左の黒い円を取り囲む白い円は小さいですが、右で

図表 2-1 | エビングハウスの大きさの錯視

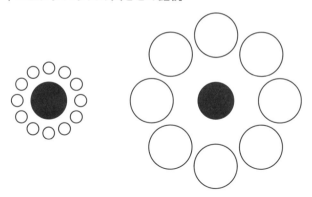

出所:増地他 [2011]。

は大きい円が取り囲んでいます。その結果、小さい円と比較した黒い円は大きく見え、大きな円と比較した黒い円は小さく見えるのです。この現象の面白いところは、白い円を無視して黒い円だけを見ようと思っても、錯視が起こる点です。白い円が眼に入ってくる限り、意識しないうちに比較してしまうのです。これと同様なこと、いわば"価値の錯視"が起こるのです。

同じ金額であるにもかかわらず、消費者が受ける印象は状況によって変わりますが、消費者がお金を使う場合においても、同じようなことが起きます。今度は、お金の使い方に関する質問です（Tversky & Kahneman [1981]）。

> 質問 A
> チケット代が 10 ドルかかる映画を観るために出かけた、という場面を想像してください。映画館の入り口で、あなたは 10 ドルのお金を落としてしまっていたことに気づきました。
> あなたは 10 ドルを出して、映画のチケットを買いますか？

この質問に対して、88％もの人々が「イエス」と答えました。つまり、大多数の人々はチケットを買うわけです。

質問 B
　映画を観に行こうと思い、あなたは 10 ドルのチケットを買った、という場面を想像してください。映画館の入り口で、あなたは買っておいたチケットを落としてしまったことに気づきました。映画を見るためには、チケットを買いなおす必要があります。
　あなたは 10 ドルを出して、新たに映画のチケットを買いますか？

　この場合には、46％の人々しか、新たなチケットを買うと回答しませんでした。きっと映画を観るためにチケット 2 枚分のお金を払うことがバカらしかったのでしょう。
　しかし、冷静に財布の中身と相談してみましょう。どちらの質問でも、映画を見た場合に、あなたの財布から出ていくお金は合計 20 ドルです。もちろん支出が 10 ドル増える原因は異なりますが、合計金額は同じです。なぜ、このような矛盾が起きるのでしょうか？
　この現象は**メンタル・アカウンティング**（**Mental Accounting**；Thaler [1999]）と名付けられています。つまり、消費者はお金の出し入れを考える場合、"映画を観るための財布"というように個別の財布を心の中に設定するのです。そして、個々の財布が赤字なのか黒字なのかが、重要な意味を持ちます。質問 B では、すでに映画のチケットを購入しており、その代金は"映画を観るための財布"からすでに支出されています。そのうえ、さらにチケット代を支払うことは、1 回の映画料金としては赤字になるので、その支出は認められないのです。一方、質問 A で落とした現金 10 ドルは"映画を観るための財布"とは別の財布（たとえば、"映画後に食事をするための財布"）から支出されています。そのため、"映画を観るための財布"だけ見れば、チケット代と映画は釣り合っており、そこに何の問題もないのです（ただし、その後の食事には影響が出るでしょう）。
　「カネには色がついていない」という言葉があります。その意味は、同じお

金なのだから、どの使い道をしても同じだし、どんな経緯で手に入ったのかは関係ない、というものです。一方、**メンタル・アカウンティング**は「カネには色がついている」ことを意味します。同じお金でも、それがどの財布のお金なのか、によって使われ方は異なるのです。この財布には様々な種類があることがわかっています。たとえば、お金が出ていきにくい財布（＝大金が入っている財布）もあれば、お金が出ていきやすい財布（＝小金が入っている財布）もあります。

　何かを購入しようとする時に重要なものは、金額で示された価格のはずです。その価格が他のものと比べて高かろうが安かろうが、支払うお金は一定です。また、何かの価格が、財布の中に入っているお金の範囲内ならば、どんなものを買うことも可能です。しかし、ヒトは必ずしも、お金をそのようなものとして扱っていないようです。消費者としてのヒトの行動を理解するためには、その心理を知る必要があるのです。

2-3　状況に影響される消費者心理
――同じ情報なのに、扱い方は違う

　消費者は完璧ではありませんが、買い物に失敗したいとも思っていません。だから、いろいろな情報を集め、しっかりと考え抜き、評価を下し、そして買い物をします。それなのに、「あっちの方が良かった…」と後悔することが珍しくありません。それはなぜなのでしょうか？

　消費者は商品に関する情報を数多く集めます。いろいろな情報が集まるでしょうが、当然、消費者は商品を評価する際に参考となる有益な情報を気にするはずです。しかし、ある情報が有益かどうか、どんな情報が有益であるかは、状況次第です。たとえば、お店では、複数の商品を見比べることができます。しかし、自宅では、購入した商品1つしか見ることができません。この状況の違いが、商品を評価する際に有益となる情報を決め、その結果、消費者の反応が変わるのです。

図表2-2 | 提示したイラストと、アイスクリームとカップの容量

	ほどほどアイス	山盛りアイス
アイスの量	3.5 インチ	3.1 インチ
カップの大きさ	3.5 インチ	2.1 インチ

出所：Hsee [1998] を修正のうえ筆者作成。

　アメリカの大学生に、カップに盛られたアイスクリームの実物大のイラスト（**図表2-2**）を見せて、次のような質問をしました、「このアイスクリームが売られているとします。値段がいくらなら買ってもよいと思いますか？」（Hsee [1998]）。大学生に見せたのはイラストだけですが、そこに描かれたアイスクリームの量やカップの大きさは**図表2-2**に示した通りです。

　図表2-2にあるように、アイスクリームの量自体は「ほどほどアイス」の方が多いです。もちろん、食べるアイスクリームの量が多い方が消費者にとっては嬉しいですから、「ほどほどアイス」の方が高いお金を払ってもらえるはずです。2つのイラストを並べて見せた場合では、予想通り「ほどほどアイス」には平均で2.02ドル、「山盛りアイス」には1.81ドル、と「ほどほどアイス」の方が高い値段となりました。しかし、イラストを1つずつ見せて回答してもらった場合には、「ほどほどアイス」につけられた値段は1.80ドルだったのに対し、「山盛りアイス」は2.23ドルでした。アイスクリームの量が少ない方が高いお金を支払ってもらえたのです。

この不思議な結果となった原因は、評価の仕方にあります。商品を並べて行う評価（＝**並列評価**）と1つずつ行う評価（＝**個別評価**）では、異なることがあるのです。その理由は、消費者にとって有益な情報が異なる、からです。**並列評価**の場合には、複数の商品を比較可能なので、量的特徴を示す情報（例．アイスクリームの量）が有益な情報となり、重視されます（どちらの量が多いか、見比べれば明らかですね）。一方、**個別評価**の場合、比較ができません（「3.5インチって、どれくらい多い？」）。そのため、1つずつでも評価できるような情報、つまり質的特徴を示す情報（例．見映えの良し悪し）が有益となるのです（大盛りの方がよい感じですね）。その結果、それぞれに有益な情報において、よく見える方が高く評価されたのです。

　同様のことは様々な状況で起きます。たとえば、服選び。お店で数多くの服の中から選ぶ時には、簡単に比較できる価格という情報が重視されます（3,000円より2,800円の方が安いのは明らかですね）。一方、買った服を自宅で見ている場合には、価格という情報自体は意味が曖昧です（「2,800円って、どうなの？」）。しかし、デザインという情報は一着の服でも意味が明快です（このデザインが好き！）。だから「なんで、この服にしたんだろう？　値段は安かったけど、デザインはいまいちだなぁ」という気分になるのです。

　商品を評価する方法以外にも、状況には多くの要素が存在します。ネットショッピングを例にとってみましょう。ネットで見た時は良い買い物をしたと思ったのに、注文した商品が手元に届いた時には、ちょっと違う気持ちになったことはないでしょうか。その違和感の原因はネット上の映像と実物の違いから生まれた、という可能性はあります。その場合には、実物と限りなく近い情報がネット上にあれば、その違和感は解消されるはず。ところが、まったく同じ情報が手に入ったとしても、その違和感が解消されない可能性があります。なぜなら、その情報に対する消費者の解釈の仕方が異なるからです。

　消費者が買う商品には必ず価格がついています。消費者はこの価格を、どのように解釈しているのでしょうか？　もちろん、価格とは消費者が支払う

金額です。そのため、価格の安い商品が好まれます。しかし、価格には別の側面もあります。その商品の品質を反映する、という側面です（初めて見た商品の場合、価格の高い方が品質は良いだろう、と思うのは、このためです）。消費者は品質も重視します。もし予算内ならば、良い品質の商品を選ぶでしょう。価格とは、消費者が支払う金額を示すという意味と、その商品の品質を示すという意味、二重の意味を持っているのです。消費者は安い商品を買いたいとも、品質の良い商品を欲しいとも考えています。では、消費者は、その価格をどのような意味で捉えているのでしょうか？

　解釈レベル理論（Construal Level Theory）によると、価格のもつ2つの意味、どちらを重視するのかは、その心理的距離によって変化します（cf. Trope & Liberman［2010］）。**心理的距離**にはいくつかの種類があります。その1つは時間的距離、たとえば、商品の広告を見てから、それが店頭に並ぶまでの時間の長さです。ある商品の価格付き広告を見せた後に、質問したところ、次のような結果になりました（Bornemann & Homburg［2011］）。商品の発売まで、6か月間という長い時間がある場合には、価格はその商品の品質を反映すると見なされていました。つまり、価格が高いほど品質は良い、と捉えられていたのです。しかし、（不思議なことに）価格が高くなっても、支払い金額のことを気にする人は増えませんでした。一方、発売までの時間が2日間と短い場合には、価格が高くなると、「これを買うにはお金がかかる！」と感じる人が増えたのです。また、価格の高い商品は品質が良い、と感じる人は多くありませんでした。

　価格という同じ情報が異なる解釈をされる理由は、消費者が商品に対応する**表象**を利用して、決定するからです。簡単にいうと、商品に関するイメージ。これが消費者の決定に重要な役割を果たします。イメージは実物と似てはいますが、同じではありません。このイメージが心理的距離によって変化するために、商品に対する評価が異なってしまうのです。心理的距離が遠い場合には、最も重要な要素がイメージを形成します。そのため、6か月先の商品はその品質を中心に検討されます。だから、品質を反映する情報として、

価格が機能するのです。しかし、心理的距離が短い場合には、そこそこ重要な要素がイメージに加わります（品質は支払金額よりも重要です。どんなに安くても、劣悪な商品を買う気はないはず）。だから、2日先の商品は支払金額も含めて検討されます。そのため、支払金額を示す情報としても、価格が捉えられるのです。その結果、心理的距離の大きい場合には、価格が高くとも、品質の良い可能性のある商品が選ばれます。一方、距離が小さい場合には、価格の低い、支払金額が少なくて済む商品が選ばれるのです。

　商品を評価する時の方法や商品が手に届くまでの時間の長さによって、消費者の商品に対する反応は変わってきます。消費者が変わったわけでもないし、商品に関する情報が変化したわけでもありません。その理由は、商品の評価をする際に、消費者自身が利用する情報が変化したことです。そのため、消費者の行動を把握するためには、消費者を取り巻く情報だけを取り上げるのは不十分です。また、消費者にある商品を買ってもらうためには、正確な情報を提供するだけでも不十分です。消費者がその情報をどのように利用するかを理解することが必要なのです。

2-4　消費者心理と心理学的プロセス
――商品や価格が同じなのに、消費者の感じ方が違うのはなぜ？

　これまで商品や価格、それらに関する情報が同じなのにもかかわらず、**消費者の意思決定**（選択や評価、判断、決定のこと）は変化することがある、と説明してきました。その理由は、**消費者の意思決定**は商品の客観的属性自体によって決まるのではないということです。その客観的属性が何らかの心理学的プロセスを経て構成された"主観的な何か"、言い換えれば、"心の中の存在"に基づいて、意思決定が行われるのです。そのため、消費者を知るためには、その心理学的プロセスを解明する必要があるのです。

　その心理学的プロセスには興味深い点があります。それは、些細な要因や

事柄に影響を受けるということです。「生存者を数えても死亡者を数えても結果は同じである」こと、「落としたのが現金か、それともチケットか、に関わりなく支出合計額は同じである」こと、「山盛りに見えるのはカップが小さいからである」こと、これくらいは少し冷静になれば、すぐに気づくはずです。このような些細な要因に影響を受けて、態度がコロコロと変わってしまう消費者は、いかにも間抜け（マヌケ）に見えます。消費者であるヒトは賢いはずなのに、なぜこのような些細な要因に影響を受けてしまうのでしょう？

　実は「間抜けであり、賢い」というが、ヒトの特徴なのです。**2重過程モデル（Dual Process Model）**という考え方によると、ヒトの認知、言い換えれば、"アタマの働き方"には2つの仕組みがあると考えられています。それを、"直感型"と"熟慮型"と名付けてみましょう。直感型は、その名の通り、時間を掛けずに簡単に意思決定を行うことができる仕組みです。一方、熟慮型は、意思決定を行うためには時間と労力、そして"意志の力"を必要とします。些細な要因に影響を受けやすいのは、直感型の方だと考えられています。逆にいうと、熟慮型が働いていれば、「同じモノに異なる反応をする」という不可思議なことは起きにくいのです。

　しかし、熟慮型の方が直感型より優れているとは、一概にはいえません。なぜなら、直感型の方が"楽で、速い"からです。しかも、特に大きな問題に繋がることは多くありません。一方、"じっくり考える"ことは常識的には正しいように思えますが、熟慮型が働いた場合には別の問題が起こる可能性が明らかになっています。残念ながら、賢い消費者になるための、"絶対に大丈夫なHow to（ハウツー）"は存在しないのです。消費者を知るために必要なことは、直感型と熟慮型の仕組みとその影響を解明すること、それぞれがどんな状況下で働くのかを理解することです。このことは消費者としてのヒトだけでなく、自分自身を知るためにも有益でしょう。

参考文献

- Bornemann, T. and C. Homburg [2011] Psychological distance and the dual role of price, *Journal of Consumer Research*, 38, pp.490-504.
- Hsee, C.K. [1998] Less is better : When low-value options are valued more highly than high-value options, *Journal of Behavioral Decision Making*, Vol.11, pp.107-121.
- Slovic, P., B. Fischhoff and S. Lichtenstein [1982] Response mode framing and information processing effects in risk assessment, in Hogarth, R.M. (ed.) *Question Framing and Response Consistency*, San Francisco : Jossey-Bass.
- Thaler, R.H. [1999] Mental accounting matters, in Kahneman D., and A. Tversky (eds.) *Choice, values and frames*, Cambridge UK : Cambridge University Press, pp.241-268.
- Trope, Y. and N. Liberman [2010] Construal-level theory of psychological distance. *Psychological Review*, Vol.117 No.2, pp.440-463.
- Tversky, A. and D, Kahneman [1981] The framing of decisions and the psychology of choice, *Science*, Vol.211 Iss.4481, pp.453-458.
- 増地あゆみ編著 [2011] 『社会でいきる心理学』ミネルヴァ書房。

学習の後に読むべき本

- Kahneman, D. [1981] *Thinking, Fast and Slow*, Penguin.（村井章子訳 [2014] 『ファスト＆スロー（上・下）』早川書房）
- Caldwell, L. [2012] *The psychology of price. How to use price to increase demand, profit and customer satisfaction*, Crimson Publishing.（武田玲子訳 [2013] 『価格の心理学』日本実業出版社）

第 **3** 章

社会心理学

モノを買う行動を社会心理学の知見から考える

SUMMARY

本章ではまず、"私たちがどのように買い物をするか"の流れを示した消費者行動モデルを紹介します。これを理解することにより、私たちがどのようにモノを買うのかが見通せるようになるでしょう。次に、消費行動を決める要因としての皆さんの周りの人の口コミの影響、販売者側からの対人的影響について説明します。皆さんの周りの影響によって、私たちの消費行動が決まることがわかると思います。最後に、皆さんが賢い消費者であるためのアイデアを心理的側面から紹介します。

3-1　消費者行動モデル

　午前中の講義が終わり、あなたはおなかがすいています。そして、お昼ご飯を買いにコンビニに行こうと思いました。さて、どこに行ったものだろうか。大学近くのコンビニにしようか、それとも少し歩くけど、おにぎりがおいしいと評判のコンビニにしようか。いや、時間があるから、遠出してちょっとスーパーでいろいろ購入してもいいかもしれない。そして、あなたはお店を選び、お昼ご飯を買うことにしました。こういった買い物のことを購買といいます。

　消費者行動研究では、この購買を問題解決事態と捉えるのが一般的です（杉本 [2012]）。たとえば、疲れたと感じた時、お菓子を食べるのか、ジュースを飲むのか、はたまたマッサージを受けるのかといったように、様々な問題解決の手段があるでしょう。そして、その手段を決めるのは、性格といった個人の特性や、その個人が置かれた状況によります。そして、どのような手段を選ぶかは、まさにあなた─消費者の意思決定なのです。

　ここでは、消費者の意思決定の過程を考える消費者行動モデルを4つ紹介します（**図表3-1～3-4**）。まず、AIDMAモデルです。そして、AISASモデルとVISASモデル、最後に精緻化見込みモデルを紹介します。

1 │ AIDMAモデル

　最初に、**ホール**（Hall, S.H.）の **AIDMAモデル**を紹介します。古典的なモデルとして有名なものです。消費者は、ある製品の存在を知り、その商品に注目（Attention）します。そして、その商品に興味を持つ（Interest）わけです。さらに、その商品を欲しいと思うようになり（Desire）、商品情報を記憶（Memory）し、最終的に購買行動を起こす（Action）わけです。

図表 3-1 | AIDMA モデルの模式図

出所：池永・有村・石河［2007］をもとに筆者作成。

2 | AISAS モデル

　次に、**AISAS モデル**（池永・有村・石河［2007］）です。これは、AIDMA モデルを、インターネットが普及した現在に応用させたものです。特に、情報を検索・比較検討するという点と、情報を共有する点に注目がなされています。まず、興味を持った商品についての情報をインターネットで検索し、購買への意思決定を行います。さらに、購買までで終わらず、購入した商品についてインターネット上で共有するという過程までを考えています。消費者は商品に注目（Attention）し、興味（Interest）を持ち、さらなる商品の情報を検索（Search）し、購買（Action）に移ります。そして、その情報をインターネットで共有（Share）という流れを辿るわけです。さらに近年ではこの発展形である **DUAL AISAS モデル**（電通［2015］）が発表されています。

図表 3-2 | AISAS モデルの模式図

出所：池永・有村・石河［2007］をもとに筆者作成。

3 | VISAS モデル

3つ目は **VISAS モデル**（大元 [2005]）です。これはインターネットの中でもソーシャルメディア利用を前提としたモデルです。ソーシャルメディア上での**口コミ**によって消費者の購入が始まり、購入後は情報を共有することで、その「口コミ」がさらに拡散して情報が循環していく過程までも示しています。ソーシャルメディアにおいて、多くの情報は他者の口コミ（Viral）によってもたらされます。そして、その口コミはソーシャルメディアを見た人に影響（Inference）を与えます。影響を与えられた人は共感（Sympathy）を抱き、購買（Action）に至ります。AISAS では、「自分がすでに欲しいと思っているもの」が前提でした。しかし、VISAS では、今まで「自分がほしいと気づいていなかったもの」にも着目しています。

図表 3-3 | VISAS モデルの模式図

出所：大元 [2011] をもとに筆者作成。

4 | 精緻化見込みモデル

さらに、心理学、特に社会心理学の分野において発展した**精緻化見込みモデル**（Elaboration Likelihood Model：ELM）も、消費者行動を理解するうえで有益なモデルです。このモデルは、人は中心ルートと周辺ルートのどちらかの過程を通して意思決定をするというものです。情報処理の動機と能力の両者を有する人が中心ルートを、動機、能力のいずれかを欠いている人が周辺ルートをたどることが考えられています。精緻化見込みモデルの中心ルートでは、対象となる商品やサービスの情報そのものに対して人は注目し

図表 3-4 | 精緻化見込みモデルの概要

```
          情報の受領
              │
              ▼
      情報を精緻化する      いいえ
      動機づけがあるか ─────────────┐       周辺ルート
              │ はい                │
              ▼                    │
      情報を精緻化する      いいえ  │
      能力があるか ──────→ 周知的処理
              │ はい              │
              │                    │
     中心ルート│                    │
              ▼                    ▼
         中心的処理 ──────────→ 態度形成
```

出所：五藤［2010］をもとに筆者作成。

ます。つまり、商品の質やサービスの良さといったものが判断の基準となるわけです。一方で、周辺ルートでは、商品の質やサービスの良さにかかわる情報とは関係ない、周辺的な内容に着目します。たとえば、あるお菓子のテレビコマーシャルを考えてみましょう。そこには、出演しているアイドルがお菓子のおいしさをアピールしています。中心ルートにおいては、そのお菓子のおいしさに着目して、お菓子を買うか否かを決めるわけです。一方で、周辺ルートでは、お菓子のおいしさよりも、アイドルが魅力的といった情報に注目してお菓子を買うか否かを決めるのです。

　この精緻化見込みモデルについて、五藤［2010］は、消費者が外部から与えられた情報のみで直線的に態度を決定するわけではなく、情報を入手した後の判断経路により、態度の決定が左右されることを主張しています。

　このように、消費者行動1つとってみても、多様な消費者行動モデルが提案されてきています。

3-2 　消費行動を決める要因としての口コミの影響

　私たちの消費行動は様々な要因によって決まります。たとえば、広告の効果があるでしょう。魅力的な商品広告を見て、その商品を購入しようと思い、実際に購入することもあるでしょう。また、友達が薦めてくれたものを購入することもあるわけです。友達がものすごく薦めてくるから、あるいは周りの友達みんなが持っているからといった理由で、商品を購入するわけです。ここでは、消費行動を決める要因として口コミに着目した研究を紹介します。

　よい口コミは私たちが商品を買うための要因となりえることがわかっています。たとえば、Sundaram & Webster［1999］の研究を見てみましょう。この研究では、ブランドの有名度（2：有名・非有名）と口コミの種類（3：ポジティブ・口コミなし・ネガティブ）が購買意図に及ぼす影響を検討しました。結果を概観すると、ポジティブな口コミでブランドの購買意図が最も高いことがわかりました。この結果はブランドが有名・非有名にかかわらず同程度でした。この結果からも、口コミが購買意図を高める要因であることがわかります。さらに、ネガティブな口コミでは、非有名ブランドのほうが有名ブランドよりも購買意図が低いことがわかりました。

　また、口コミは、広告と異なる影響を消費者に与えることが考えられています。たとえば、**ロジャース（Rogers, E.M.**［1983］）は、通常の広告が商品の知名度に影響する一方で、口コミは商品の選択段階に影響することを指摘しています。さらに、濱岡［1994］は、広告の情報探索と口コミ情報源からの情報探索は別の機能を持つことを指摘しています。広告情報の探索は、商品についての知識や経験に関係なく、だれもが行います。一方で、口コミの情報探索は、広告情報の探索で得られなかった情報を補完するために行われます。そして、口コミ情報源からの情報探索を行っている人は、広告の情報探索を行っていますが、広告情報源からの情報探索を行っている人は、口

図表3-5｜口コミの種類とブランドの有名度が購買意図に及ぼす影響

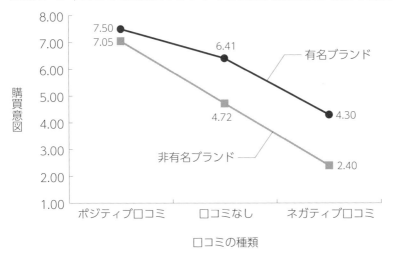

出所：Sundaram & Webster［1999］をもとに筆者作成。

コミ情報源からの情報探索を行っていないことを濱岡［1994］は見出しました。最後に、広告から得られた情報が、他の消費者へと発信されないのに対して、口コミによって得られた情報は、さらに他の消費者へと広がりやすい傾向があることも示されました。

3-3 販売者側からの対人的影響

　企業は消費者に品物を買ってもらわなければ、利益を上げることはできません。どうやって消費者にものを買ってもらうのかという点について、様々な工夫がなされてきました。ここでは、品物を売る側がどういった工夫をしてきたかについて、**チャルディーニ（Cialdini, R.B.）の6種の対人的影響**（Cialdini［2009］（社会行動研究会訳［2014］））を説明します。

　対人的影響の1つ目は**返報性**です。これは、他人から受けた行為に対し

て、自分も同様の行為を返すことです。返報性は初対面の相手でも効果があるため、店頭でよく用いられる技術の1つといえます。たとえば、無料のサンプル配布です。サンプルは商品そのものを知ってもらうだけでなく、返報性を生かしたいという販売者側の思惑もあるわけです。最初にサンプルを渡すことによって、お返しに商品を購入してもらうという技術なのです。この影響を応用したテクニックに、**ドア・イン・ザ・フェイステクニック**があります。これは、高額の商品を買ってもらうよう、まず初めに応諾が困難な依頼をします（例　高額な商品：15万円のダウンジャケットを勧める）。もちろん、この依頼は断られます。そしてその後に、ねらいとする依頼（例　安価な商品：1万5千円のダウンジャケットを勧める）をするというものです。相手は購入を断っていて、こちらが一度譲歩しているため、今度は相手側が譲歩しないといけないという「譲ってくれた相手には自分も譲る」という返報性に訴える技術です。さらに、**ザッツ・ノット・オール・テクニック**という技術もあります。こちらは、商品を見ているお客に対し、店員が「割引しますよ」というと買う気になってしまうというものです。こちらも「譲ってくれた相手には自分も譲る」という返報性を生かしたものです。もちろん、返報性だけでなく、割引前の値段から単純に割引されているので購入するという影響もあるでしょう。

　対人的影響の2つ目は、**コミットメントと一貫性**です。一度表に出した意見を一貫して取り、譲らない傾向が人にはあります。この傾向を生かした技術として**フット・イン・ザ・ドア・テクニック**があります。最初に簡単なお願いを聞いてもらいます。そして、その後に最初のお願いに似たような、ややこしいお願いをします。これにより、いきなりややこしいお願いをするよりも受諾率が高まるのです。1回目のお願いに対する自分の反応と、2回目のお願いに対する自分の反応を一貫させておきたいために起こると考えられています。また、**ロー・ボール・テクニック**もこのコミットメントと一貫性が源となっています。これは、魅力的な条件や商品を提案し、消費者に購入の意思を表明させます。そして、契約の間までに良い条件を取り下げたり、

悪い条件を付加するというものです。消費者は購入の意思を表明してしまっているために、そのまま購入してしまうわけです。

　3つ目は、**社会的証明**です。私たちは自分を取り巻く他者がどう考えているかについて気にしがちです。そのため、周りの様子が私たちの判断、行動を決める強い力となるのです。特に、自分自身の置かれた状況があいまいで、自分の決定に自信が持てない時、周りの様子を確認することで、同じようにふるまう傾向があります。また、自分とその他者が似ている時にも社会的証明の影響が発揮されます。

　4つ目は、**好意**です。一般に人には、自分が好意を感じている他者や魅力が高く好感度が高い人物の意見に対してイエスという傾向があります。なぜなら、その相手に嫌われたくないからです。そのため、好意を与えられた相手の依頼を断ることができずに商品を購入してしまうわけです。

　5つ目は、**権威**です。専門家や権威ある人のいうことを信じてしまう傾向が人にはあります。私たちが権威ある人を認識する手がかりは服装や装飾品といった見ためや肩書です。そのため、XX大学医学部〇〇教授推薦と書かれた食品を思わず買ってしまうことがあるのです。

　6つ目は、**希少性**です。今後手に入る可能性が低いため、珍しいものや残りの数が少ないものに対して、私たちは価値があると感じてしまいます。そのため「期間限定」といった言葉に私たちは引き寄せられてしまうのです。

　現代は、科学技術の発展により情報があふれ、選択の幅が増え、知識が爆発的な勢いで増加しています。その結果、情報が多すぎて何も決められない状態に陥り、適当に決めてしまいがちになります。たとえば、インターネット上で買い物をしていて、多くの類似品を比較して悩んだ結果、深く考えるのをやめて、適当に購入してしまうわけです。こういった過程において、購入を決める際の原因が6つの方略にあることを、Cialdini［2009］（社会行動研究会訳［2014］）は述べています。そのため、私たちはこの6つの方略によって、モノを買わされているかもしれないことに注意すべきでしょう。

3-4 賢い消費者であるために

　消費者庁［2018］によると、全国の消費生活センター等に寄せられた15歳〜29歳の若者に関する消費生活相談件数の推移を見ると、15歳〜19歳の相談件数に比べ、20歳〜24歳の相談件数は約2倍で推移していることがわかっています。相談の中身は多様であるものの、その多くは消費者被害に遭遇したケースに当てはまります。それでは、消費者被害から免れるためにはどういった点に気をつければよいのでしょうか？

　消費者庁［2018］は、消費者被害を回避するために必要となる知識を4つ上げています。1つは**借金やクレジット契約の危険性**に関する知識です。2つ目は**悪質な手口や勧誘等**に関する知識です。さらに3つ目は、**契約手続きや契約の取り消し、クーリングオフ**といった契約等についての知識です。最後に4つ目として**相談先**に関する知識が挙げられます。しかしながら、若者に対するアンケートを見ると、契約についての基礎知識が少ないと回答している人は6割を超えていたのです。また、詐欺・悪質商法に対して関心が低い人も4割程度いました。このことから、知識そのものの入手、また関心を持つということが、消費者被害を防ぐための第1歩であるといえます。

　さらに、被害を回避するためには、個々人の性格や勧誘された際の場面といった要因を検討する必要があるでしょう。たとえば、いわゆるお調子者は騙されやすいように感じます。また、どんなに用心深くても、言葉巧みに騙されるという可能性もあるわけです。これと関連して、消費者庁［2018］は、消費者被害の心理要因について注目し、調査、分析を行いました。その1つに性格的特徴がありました。以降では、この性格的特徴を把握し、自分自身の心理傾向を把握してもらいたいと思います。

　被害にあう若者には一定のリスキーな心理傾向があることもわかりました。**図表3-6**に、この心理的傾向を確認できるチェックシートを示しました。これら項目それぞれについて、「ほとんどあてはまらない：1」から「とても

図表3-6 | リスキーな心理傾向チェックシート

	あてはまらない ほとんど	あてはまらない あまり	どちらともいえない	あてはまる やや	あてはまる とても
拝まれるようにお願いされると弱い	1	2	3	4	5
おだてに乗りやすい	1	2	3	4	5
自信たっぷりに言われると納得してしまう	1	2	3	4	5
見かけの良い人だとつい信じてしまう	1	2	3	4	5
素敵な異性からの誘いだと断れない	1	2	3	4	5
マスコミで取り上げられた商品はすぐ試したくなる	1	2	3	4	5
好きな有名人が勧める商品は買いたくなってしまう	1	2	3	4	5
新しいダイエット法や美容法にはすぐにとびつく	1	2	3	4	5
専門家や肩書きがすごい人の意見には従ってしまう	1	2	3	4	5
無料だったり、返金保証があるならいろいろ試してみたい	1	2	3	4	5
資格や能力アップにはお金を惜しまない	1	2	3	4	5
良いと思った募金にはすぐ応じている	1	2	3	4	5
欲しいものは多少のリスクがあっても手に入れる	1	2	3	4	5
どんな相手からの電話でも最後まで聞く	1	2	3	4	5
試着や試飲をしたために、つい買ってしまったことがある	1	2	3	4	5

出所：消費者庁［2018］。

図表3−7│リスキーな心理傾向と購入・契約の有無（ゾーンごとの分布）

ゾーン	購入・契約した (%)	購入・契約しなかった (%)
30点未満ゾーン	24.9	75.1
30点以上40点未満ゾーン	33.4	66.6
40点以上50点未満ゾーン	41.2	58.8
50点以上60点未満ゾーン	53.0	47.0
60点以上ゾーン	68.5	31.5

出所：消費者庁［2018］をもとに筆者作成。

あてはまる：5」のうち、どれか1つにチェックをしてください。そして、それらの合計点を計算してみましょう。このリスキーな心理傾向の合計点が高い人ほど、商品を購入してしまったり、契約してしまう人の割合が多くなることを、消費者庁［2018］は示しています（**図表3−6**）。

　図表3−7は、リスキーな心理傾向と購入・契約の有無についてのゾーンごとの分布を示しています。縦軸は割合を示しています。仮に皆さんの心理傾向得点が60点以上であった場合、**図表3−7**の60点以上ゾーンを見てもらうことになります。68.5％の人が購入・契約をしたことがわかります。一方で、購入・契約しなかった人は31.5％でした。一方、皆さんの心理傾向得点が30点未満であった場合、**図表3−7**の30点未満ゾーンを見てもらうことになります。すると、購入・契約した人は24.9％、購入・契約しなかった人は75.1％となっています。ゾーン別の結果をまとめていくと、リスキー

な心理傾向の合計得点が高い人場合、悪徳商法に騙される可能性が高いといえます。そのため、合計得点が高かった人は特段の注意が必要です。もちろん、得点が30点未満であったとしても、約25％の人が購入・契約をしています。勧誘を受けた場合、誰しも購入・契約をしてしまう可能性があることを理解しておく必要があります。

　この節では、若者が勧誘を受け、そして購入・契約に至ってしまう性格的特徴について説明しました。自分が購入・契約に至ってしまいやすい性格かどうかを自覚すること、またそうでなくても消費者被害に遭う可能性があることを意識してください。勧誘の場面に遭遇してしまった場合、ここで学んだことを思い出してください。怪しいと思ったら、その場ですぐに購入・契約の判断をしないことを強く勧めます。そして、一旦家族、消費生活センター等の信頼できる相手に相談をしましょう。

参考文献
- Chaldini, R.B. [2009] *INFLUENCE：SCIENCE AND PRACTICE*, Pearson Education.（社会行動研究会訳［2016］『影響力の武器』誠信書房）
- Sundaram, D.S. and C. Webster [1999] The role of brand familiarity on the impact of word of mouth communication on brand evaluations, *Advances in Consumer Research*, Vol.26, pp.664-670.
- Rogers, E.M. [1983] *Diffusion of innovation, 3rd ed.*, Free Press.
- 五藤智久［2010］「消費者行動と口コミ」池田謙一編『口コミとネットワークの社会心理』東京大学出版会, pp.31-47。
- 濱岡豊［1994］「クチコミの発生と影響のメカニズム」『消費者行動研究』第2号, pp.29-73。
- 池永忠裕・有村武・石河景介［2007］「購買行動の変化」電通S.P.A.T.チーム編『買いたい空気のつくり方』ダイヤモンド社, pp.17-38。
- 大元隆志［2011］『ソーシャルメディア実践の書　Facebook・Twitterによるパーソナルブランディング』リックテレコム。
- 杉本徹雄［2012］「消費者の意思決定過程」杉本徹雄（編）『新・消費者行動の心理学』福村出版, pp.39-57。
- 消費者庁［2018］「若者の消費者被害の心理的要因からの分析に係る検討会報告書」Retrieved from http://www.caa.go.jp/future/project/project_

001/pdf/project_001_180831_0001.pdf〔最終閲覧日：2018年9月20日〕

学習の後に読むべき本

- 山田一成・池内裕美編著［2018］『消費者心理学』勁草書房。
- Chaldini, R.B. [2012] *INFLUENCE：SCIENCE AND PRACTICE, The Graphic edition*, Round Table Companies.（安藤清志監訳・池上小湖訳［2013］『コミック版　影響力の武器』誠信書房）
- 吉川肇子・杉浦淳吉・西田公昭編［2013］『大学生のリスク・マネジメント』ナカニシヤ出版。
- 池田謙一編［2010］『クチコミとネットワークの社会心理』東京大学出版会。

第2部

組織を知る

SUMMARY

経営と組織は切っても切れない関係にあります。能率や有効性を追求する合理的なシステムとして、また創造性を実現する実践的なコミュニティとして、どう組織づくりを進めていくのかは経営における中心的なトピックといえます。ここ第2部では、まず経営が人々の行為や行動をうまくやりくりする取り組み、すなわち"人を動かす"ことだという視点に立ちます。そして、そこから経営にとって組織とはいったい何なのかを俯瞰的に見ていきます（第4章）。そのうえで、組織における人事の制度（第5章）、組織の中の集団（第6章）、組織の中の個人（第7章）という側面から見て、どのように"人を動かす"ことができるのか、そして組織の中でどのように"人は動いていくべきなのか（成長していくのか）"を考えていくことにしましょう。

第 4 章

経営管理
人の行為から組織の活動を俯瞰する

SUMMARY

経営者はうまく経営をするために、組織という手段を使い、その内外の人々を動かしていかなければなりません。たとえば、組織の中の従業員に一生懸命働いてもらい、組織の外にいる顧客に自社の商品を選んで買ってもらうためにどうすればいいのか。このような問いにこたえていくことこそが、経営者の仕事になるのです。本章では、経営者の立場から見て、どのような組織づくりをすれば人々を動かし、成功裏に経営を進めることができるかについて考えていくことにしましょう。

4-1 「経営」するってどういうこと?

　ビジネスを行う時、経営者はいったい何を考え実行していかなければならないでしょうか。たとえば、皆さんがベーカリー（パン屋さん）を営んでいると仮定してみてください。パンを作るために、まずは必要な原材料を購入してこなければなりません。小麦やバター、牛乳や総菜パンの具材となる野菜などです。これらを卸売店から仕入れて用意ができたら、次はそれらからパンを作ります。生地をこね、オーブンで焼き、できた商品は店頭に並べます。ところが、作って並べただけでパンは売れていくわけではありません。あらかじめ、店に来てもらえるようにチラシを配ったり、リピーターを獲得するためにポイントカードを作ったりという作業も欠かせないでしょう。こうしてお客さんに足を運んでもらい、パンを売ることができればその代金としてやっと売り上げを手にすることになります。

　このような例から、ビジネスを遂行するためには大きく2つの仕事をしなければならないということがわかります。すなわち、商品を**作る**ことと**売る**ことです。ベーカリーの店主は、経営者としてうまくパンを作ることを考え、それを実行しなければなりませんし、同時にそのパンをうまく売ることについても考え、実行していかなければなりません。当たり前のことですがどちらかが欠けても売り上げを手にすることはできないのです。

　製品（たとえば、電化製品や食品）やサービス（たとえば、鉄道やコンビニ）、コンテンツ（たとえば、アニメやアイドル）など、いわゆる"売り物"のことを**商品**と呼んでおきたいと思います。ビジネスはこの商品をうまく作り、売ることを通じて売り上げを得て、最終的に**利益（儲け）**を出すことを目標にします。それゆえ、経営するということは作ることと売ることについて、それらをどううまくやれば利益を出すことができるのかを考え、それを実行していく取り組みだと考えることができます。本章では、ビジネスの基本ともいうべきこの作ることと売ることに焦点を当て、それらをうまくやっ

ていく方法としての経営とはどのようなものなのかを明らかにしていきたいと思います。

4-2　人の行為を引き出す「経営」

　先のベーカリーの例で、経営の仕事を担うのはベーカリーの店主（**経営者**）ですが、パンを作るために原材料を仕入れ、生地をこね、オーブンで焼き、店頭に並べるという一連の作業を経営者 1 人で賄うのは少々大変です。しかも、そのようなやり方では十分な売り上げを得られず、利益を出すことが難しいかもしれません[1]。ですから、普通は従業員を雇ってある程度の規模でビジネスを展開することになります。この時、経営者が考えることは"どうパンをうまくつくるか"ではなく、"どうパンをうまくつくらせるか"になります。自分 1 人でベーカリーをやるのなら、必要なのは経営よりもうまくパンを焼くための個人的な技術です。しかし、ビジネスとしてベーカリーをやろうとするなら、人をうまく使ってパンを作らせるという経営が必要になるのです。この意味で、経営とは人をうまく使い、その人たちに仕事をさせる取り組みだということができます。

　また、パンを売るためにチラシを配り、ポイントカードを作り、店頭で接客をするという仕事を考える時、ベーカリーの店主の頭の中をめぐっているのは、お客さんがどうやったら喜び、自分の作ったパンを食べたいと思ってくれるか、ということです。これは、いわばお客さんをうまく扱い、商品を買ってもらえる（売ることができる）ように促す取り組みですが、このことを考え実行することもまた経営だということができます。つまり、利益が出るように商品をうまく作り、売るために、経営者が従業員や顧客という人の行為（仕事をさせる、買ってもらう）を引き出す取り組みこそが経営だといえるのです（**図表 4 - 1**）。

図表 4-1 | 経営という仕事

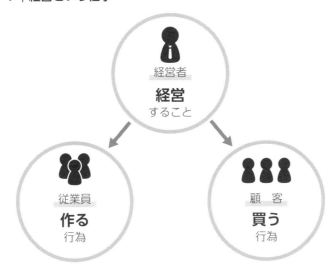

出所：筆者作成。

4-3 組織志向（内向き）の経営

　ところで、ビジネスにおいて行為を引き出そうとする対象が従業員か顧客かでは、経営者が行う経営の内容も大きく異なりそうです。企業に雇われている従業員は、いわば企業の内側にいる存在で、経営者が直接働きかけることで、行為を引き出すことができます。一方で、顧客は企業に雇われているわけではないので、経営者の影響力が直接及ばない企業の外側にいる存在だといえます。一般に、企業の内側にいる従業員を対象に仕事をさせる（仕事をするという行為を引き出す）取り組みを**管理**と呼び、企業の外側にいる顧客を対象に買ってもらうよう促す（買うという行為を引き出す）取り組みを**マーケティング**と呼びます（詳細は第1章参照）。経営者が行う経営という仕事の内実は、**内向きの経営**として行われる管理と、**外向きの経営**として行

われるマーケティングからなっているわけです。

　さて、経営者が管理（内向きの経営）を行う時、従業員に対して行う取り組みは多岐にわたります。もちろん、従業員に対して直接命令することで彼らに仕事をさせることが管理の基本になるでしょう。この時、経営者は従業員に賃金を支払うことで、彼らに直接的に下す命令を受け入れてもらい、仕事をするという行為を引き出します。ところが、従業員は賃金のような金銭的な対価だけで動機づけられるわけではありません。たとえば、皆さんはお金をもらえなくても友人に頼まれて何らかの仕事をすることはないでしょうか。これは友人や仲間たちのいる集団に所属し続けたい、または人間関係を保ち続けたいということが動機になって協力や助け合いが生じて仕事が行われる例です。このような、いわば**社会的な動機づけ**をうまくできれば、経営者はあまりお金をかけなくても従業員に対する管理をすることができますし、お金にあまり興味のない人から行為を引き出すこともできるようになります。この時、経営者は直接的に個人としての従業員を管理するのではなく、いわば集団やその中での人間関係をうまく形作るという管理を通じて、その中にいる従業員に仕事を促すことができるのです（詳細は第6章、第7章参照）。

　また、経営者は従業員1人ひとりが働いた成果を企業全体の成果に統合していかなければなりません。逆説的にいえば、経営者は企業全体としてやらなければならない仕事を、うまく従業員1人ひとりに割り振っていかなければならないのです。この時、経営者は大きな仕事をムリやムダのない形で小さな仕事に割っていき、それをうまく役割分担させていくことになります。たとえば、パンをつくるという作業を、作る仕事を担当する人（部署）と売る仕事を担当する人（部署）に分けて細分化・専門化すれば、全員が同じ仕事を一通りするような仕事のやり方よりは効率的に作業が進むことになります。このように、うまく**分業のシステム**を作り上げることで、経営者はできるだけ成果を最大化しようとするのです。そして、このようなシステムづくりもまた経営者が行う管理の1つだということができます。

　さらに、経営者は従業員がさぼったり、ルール違反をしないように見張る

図表 4 – 2 ｜ 組織志向の経営

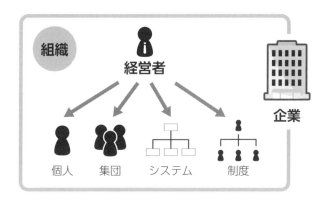

出所：筆者作成。

こともしなければなりません。もちろん経営者が直接従業員1人ひとりを監視することはできないので、人事制度などを通じて従業員全体の仕事を**統治（ガバナンス）**することになります。この時、経営者が行う管理はやるべきことをきちんとさせるための制度づくりであり、この制度を通じて従業員に仕事をさせているということができます（詳細は第5章参照）。

これらのように、経営者は従業員個人、集団、システム、制度などを対象とする管理を内向きの経営として行います。そして、このような管理が行われる場を一般に**組織**と呼びます。組織の中の個人、組織の中の集団、そして組織における分業のシステムや制度を通じて従業員の行為（仕事をすること）を管理することこそが、経営者の行う内向きの経営だということができるのです。この意味で、内向きの経営は**組織志向の経営**ともいえます（**図表 4 – 2**）。

4-4　市場志向（外向き）の経営

　一方で、企業がマーケティング（外向きの経営）を行う時、顧客に商品を買ってもらうために意識すべき対象には大きく2つのものがあります。1つは商品を買ってくれる**顧客**そのもので、もう1つはライバルとなる**競合企業**です。たとえば、経営者は顧客に商品を買ってもらうために価格を安くしたり、商品の品質を上げたりという努力をするかもしれません。しかしながら、いかに安く、良い品にしたところで、競合企業がそれを上回る商品を出せば、顧客は自社の商品を買ってくれないかもしれません。つまり、競合企業の商品と比較して優位性を持たなければ商品は売れないわけです。そのため、企業は競合企業を意識しつつ、顧客の顔色をうかがうという複合的なマーケティングを行わなければならないのです。

　このように、マーケティングを行う上で企業は顧客への直接的な売り込みと、競合企業に対する**競争優位の獲得**を考えることになります。そして、このようなマーケティングが行われる場のことを市場といい、外向きの経営は**市場志向の経営**とも呼ぶことができます（図表4-3）。市場には自社と競合企業、そして顧客がいて、そこでは顧客獲得のための群雄割拠の戦いが行われているのです。

　以上のように、経営とは組織と市場という2つのフィールドにおいて、多様な対象が生み出す行為をうまくやりくりする取り組みだということができます（図表4-4）。では、経営者は実際に、組織志向の経営と市場志向の経営をどううまくやることができるのでしょうか。これについて、次節以降で詳しく見ていくことにしましょう。

図表4−3 | 市場志向の経営

出所：筆者作成。

図表4−4 | 組織志向の経営と市場志向の経営

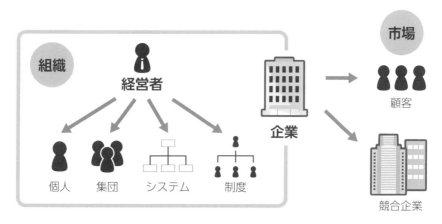

出所：筆者作成。

4-5　うまく作ること―組織の能率―

　経営者が組織において内向きの経営をうまくやること、つまり企業において商品をうまく作る、ということとはどういうことでしょうか。ここでのうまく作るという表現には、少なくとも2つの意味があるように思われます。

　まずは、作りたいと思ったものを思い通りの形にしていく、いわば正確に具現化するという意味です。このためには、とにかく一生懸命作るのではなく、作る過程でのムリを省いて合理的に作るという取り組みが必要になります。作る過程に作業者の能力を超えたり、技術的な限界を超えるようなムリが存在すれば、でき上がる商品の完成度が下がり、商品の品質が損なわれてしまいます。その結果、作ることに関する歩留まり(欠陥商品を出さず、売ることのできるレベルの良質な商品が作られる割合)が悪化し、商品を作るためにかかるコストが高くなってしまいます。

　そしてもう1つの意味は、過程にムダがなく効率的に作るということです。商品を作る際に、余計な作業や過程が含まれていれば、それはそのまま商品を作るためにかかる余計なコストになります。それは、結果としてそのまま利益の低下をもたらすことになるのです。

　これらのように、うまく作る、ということは、いわば製品を思い通りの形に、効率的に作り上げるようにする取り組みのことだ、といえそうです。このように商品をうまく作ることを**組織の能率**を上げる、といいます。いわば少ないインプットで、できるだけ多くのアウトプットを生み出すために、経営者は商品を作る過程の**ムリ**や**ムダ**を徹底的に省いていかなければならないのです。

4-6 うまく売ること

　うまく商品を作ることができれば、次にその商品をうまく売らなければなりません。確かに、うまく作られた商品であれば、努力しなくてもそのまま売れていくようにも思われます（このような態度によるものを**プロダクト志向のマーケティング**といいます）。

　しかし、ライバル企業もまた同じようにうまく作っている可能性があり、そのような商品が自社の商品と比べられる状況では、顧客は必ずしも自社の商品を買ってくれるとは限りません。そこで、ライバル企業との**競争**が始まります。自社の商品を買ってもらえるようにするために、企業は顧客に対してとにかく売り込んでいかなければなりません。顧客に対して価格を下げたり積極的に提案したりすることで直接売り込むこともありますし、自社の商品を扱ってくれている販売業者に積極的に働きかけていくこともあります。たとえば、販売業者に対しては納入価格を下げることで取扱量を増やしてもらったり、販売奨励金を出すことで積極的に顧客に提案してもらったりすることがこれに当たります。このように、今ある商品そのものを変えることなく、そのままの形で押し売りをしていく、というやり方が**販売志向のマーケティング**と呼ばれるものです。プロダクト志向のマーケティングも、販売志向のマーケティングも、顧客のニーズを意識していないという点では共通しています。

　ところが、うまく作ってうまく売ろうとしても、それで必ずその商品を買ってもらえるようになるわけではありません。たとえ安くて良い商品を作ることができたとしても、そもそもそれが顧客にとって魅力的なものでなければ買ってもらえないからです。そのため、顧客にとって魅力的な商品がどのようなものかという**ニーズ**を捉え、企業としてそれに応えるという取り組みが必要になります。いわば、先に顧客のニーズを考え、後でそれに応える商品を作らなければならないのです。

この時、経営者は組織の能率だけを考えているわけにはいかなくなります。たとえば、顧客のニーズにあまり変化がなく、技術的にも成熟している（そのため革新的な商品も生まれにくい）市場にその企業がある場合（たとえば、電力や水道などのインフラ分野）、経営者は組織の能率を追求することで十分に顧客のニーズに応えることができます。しかしながら、もし顧客のニーズが常に変化するような市場にその企業がある場合（たとえば、アパレルや情報通信分野）、組織はそれに対応するために柔軟性や即時性を持ち合わせなければなりません。電力や水道ならば安くて良いものが安定的に提供されることが私たち顧客のニーズに応えることになりますが、服やアプリでは流行りのものが欲しくなるわけです。

　このように、市場（顧客のニーズ）に対して組織がうまく適応できているかどうかを、**組織の有効性**といいます。組織の有効性は、組織に唯一最善の状態（たとえば、能率が高ければそれで完璧）というものがないことを示唆しています。顧客のニーズに変化がないような市場であれば、組織の能率を追求しているだけでも組織の有効性は保たれるかもしれません。しかし、そのニーズが変化に富む市場であれば、経営者は能率を多少犠牲にしてでも柔軟で即時性の高い組織をつくらなければならないのです。しかも、成熟化の進んだ現代社会では、多くの場合顧客のニーズは変化に富んでいる状況にあり、経営を行う上で組織の有効性はますます重要になっているということができます。

　以上のように、企業としての経営をうまくやろうとすると、経営者は市場における顧客のニーズを意識しながら組織を変えていくという、いわば外向きの経営と内向きの経営を両立した取り組みを求められるようになります。経営者にとって、組織とは内向きの経営の対象となるような閉じられた性格（**クローズド・システム**）のものではなく、市場とのつながりを持つ外側に開かれたもの（**オープン・システム**）として捉えられるのです。

　顧客のニーズに応えるために組織の有効性を高めるという取り組みは、外から観察者として経営を見ている視点からは当然で単純なことのように思え

ます。しかしながら、このことは経営者の視点から見るとそれほど簡単なことではありません。なぜならば、組織の能率を追求することと、組織の有効性を高めることには矛盾が生じることがあるからです。組織の能率を追求しようとすると、経営者は組織を規律的で合理的なものにしたくなります。いわば精密機械のように、予定された作業がスムーズに遂行され、ミスのない完璧な仕事を達成するような硬い組織づくりに向かうわけです。一方で、組織の有効性を上げようとすると、経営者は顧客のニーズなどに適切に対応できるように、組織を柔軟で即時性の高いものにしなければなりません。いわば柔らかい組織づくりに向かうのです。いうまでもなく能率が求める組織の硬直性と有効性が求める組織の柔軟性は矛盾するものであり、このバランスをとることが経営者の腕の見せどころになるのです。

4-7 新しいものを生み出す

　組織の有効性を高め、顧客のニーズに的確に応えられるようになれば、企業は市場における競争優位を獲得することができます。つまり、ライバルよりもより多くの顧客を獲得し、よりたくさんの商品を売り、より儲けられるようになるのです。このようになれば、企業は一見安泰のようにも思えます。しかしながら、競争優位を獲得し続けることによる成功には、実は限界があります。たとえば、日本の携帯電話市場は草創期から長らく、いわゆる"ガラケー[(2)]"が市場を占有してきました。当時、携帯電話といえばみなガラケーを思い浮かべたのです。ところが、アップルによる「iPhone」の登場により市場は一変し、スマートフォン（スマホ）がガラケーを駆逐していきました。このことは、ガラケー市場が終焉し、スマホ市場が立ち上がったことを意味します。この時、ガラケーで世界の先頭を走っていた日本のメーカーはスマホに適応できず、軒並み撤退していきました。優れた、魅力的なガラケーを作っていたにもかかわらず、です。

マーケティングには**製品ライフサイクル**という考え方があります。どんな商品（製品）にも導入期から衰退期までの人生のような経緯があり、それぞれの時期でその市場における競争環境やとるべき戦略が異なると考えるものです。この考え方に基づけば、どのような商品もいつかは（商品によってその長さは異なりますが）その生涯を終える、つまり衰退期を迎え、**代替品**によって市場を奪われるということになります。ある商品の市場でいかに競争優位を獲得できていても、その市場ごといつかはなくなってしまうため、次なる市場を立ち上げるような商品を生み出さなければ企業は生き残っていくことができないのです。

　このように考えると、企業が成功裏に経営を継続していくためには、新しい商品を生み出すような**創造性**が必要だということになります。つまり企業における経営管理は、組織の能率と有効性に加えて、創造性をも達成していく必要があるのです。では、このような創造性はどのようにして実現することができるのでしょうか。

　先の例で、ガラケーとスマホの間には基本的に連続性がありませんでした。つまり、ガラケーをどんなに磨いてもスマホにはならないわけで、この意味でスマホはまったく新しい市場を立ち上げた、ガラケーにとって代わる新しい製品だったということができます。ガラケーの特徴である小型化や液晶のカラー化、カメラ機能の追加などによる多機能化をどれだけ進めても、アプリをインストールすることで自分なりにカスタマイズでき、無限に新しい使い方が生み出されるというスマホのアイディアにはたどり着かなかったでしょう。

　このような発想は、おそらく元々コンピュータを開発していたアップル社だからこそ生まれた革新的なアイディアだといえます。しかも、アップル社は当初から携帯電話を開発しようとしていたわけではなく、最初は「iPod」という携帯音楽プレーヤーを生み出し、そこにタッチパネルやカメラ機能、電話機能をつけることによってスマートフォンの基本形をつくり出していきました。いわば、スマホとしての iPhone はガラケーとはまったく異なる商

品として生み出されたわけです。ここで重要なのは、アップル社が優れたガラケー（既存の商品）をより良くしようとして iPhone を生み出したわけではなく、別の目的（コンピュータとつながる音楽プレーヤーとしての iPod に始まる未来的な携帯端末の開発）の中でたまたまスマホにたどり着いていると見られる点です。いわば**偶発性**こそが画期的な商品開発には欠かすことのできない条件だといえるかもしれません。

4-8　経営学の新しい展開

　本章では、まず経営することには内向きと外向きの取り組みがあるのだという点から議論を始めました。これに基づき、私たちは内向きの取り組みが組織志向の経営（管理）であり、外向きの取り組みが市場志向の経営（マーケティング）であることを確認しました。この時、組織志向の経営は経営者の視点からどう経営すればよいのかが議論されていたのに対し、市場志向の経営は企業としてどう経営を進めていけばよいかが議論されていました。つまり、内向きか外向きか、という経営の分類は、だれが経営するのかという経営の主体や視点による分類だともいうことができるのです。

　また、私たちはこの内向きと外向きの経営を両者ともうまく進めるためにどうすれば良いのかについても検討しました。結論からいえば、内向きと外向きの経営はそれぞれ別に考えるだけでなく、外向きの経営をうまくできるような内向きの経営を考えること、すなわち組織の有効性が重要だということが指摘されたのです。組織志向の経営は、能率と有効性という2つの価値を追求しなければならない難しさをはらんでいたわけです。

　さらに、本章の最後では、組織の能率と有効性という合理性の追求だけでは持続可能な経営を実現することが難しいことにも言及しました。企業は競争優位だけでなく、画期的な商品を生み出すことを通じて、新しい市場を立ち上げるようなイノベーションを起こさなければ、中長期的に成功し続ける

ことはできないといえます。このようなイノベーションには、経営する中でぶつかる偶発性を活かすことが重要であり、合理性とは一見相反するこの偶発性をうまくやりくりすることが重要だとされたのです。

現代の経営学では、これらの議論の延長線上に学習や創造性、人々の自律性に焦点が当てられ、多様な議論が展開されています。本章での知見をベースに、ぜひ最新の経営学・組織理論にも挑戦してみてください。

注
(1) ビジネスが小さすぎると十分な利益を得られないことが経験則として知られています。たとえば、たった1つのパンを作って売るのと100のパンを作って売るのでは、利益の出かたが違うわけです。なぜならば、1つのパンを作ろうが100のパンを作ろうがパンを作るためには一定の必要なコスト（労力や時間、お金など）が生じます。それならばたくさん作った方がそれらのコストをたくさんの商品数で割ることができ、結果としてパン1つ当たりで生み出すことのできる利益が大きくなるからです。このような経験則を「規模の経済性」といいます。
(2) 「ガラパゴスケータイ」の略。日本市場のみに適応した独特の機能を多数搭載し、世界標準にならなかった携帯端末の俗称として使われる言葉。スマートフォンが世に出るまでは、携帯電話はほぼすべてこのガラケーによって占められていました。

参考文献
- 伊丹敬之・加護野忠男［1993］『ゼミナール経営学入門』日本経済新聞社。
- 桑田耕太郎・田尾雅夫［1998］『組織論』有斐閣アルマ。
- 野中郁次郎［1974］『組織と市場』千倉書房。

学習の後に読むべき本

- 佐藤大輔編著［2014］『「創造性」を育てる教育とマネジメント』同文舘出版。
- Ahlstrand, B., H. Mintzberg and J. Lampel [2001] *Strategy Safari; A Guided Tour Through The Wilds of Strategic Management*, Free Press.（齋藤嘉則監修［2012］『戦略サファリ（第2版）』東洋経済新報社）
- 大月博司・藤田誠・奥村哲史［2001］『組織のイメージと理論』創成社。

第 **5** 章

人的資源管理
人を動かし、人が動いていくための制度を知る

SUMMARY

人的資源管理論とは、ヒト・モノ・カネ・情報の4つの経営資源のうちの"ヒト"の管理について、すなわち、「組織が、その組織目標を最も効率よく達成するためには、どのように組織メンバーを管理するのがよいのか」について追究する学問分野です。最もイメージしやすい例でいうと、「企業が、最大の利益を獲得するためには、従業員をどのように働かせるのがよいか」を研究するものといえるかもしれません。ただし、人的資源管理が対象とするのは「組織」全般ですから、企業だけではなく、病院、学校、役所やNPO法人、場合によっては、大学のゼミやサークルなどといったものまで、すべて、その研究対象とします。

とはいうものの、そうなると、あまりにも対象の範囲が大きくなりすぎるので、本章では、日本企業における人的資源管理について取り上げることにします。

5-1　日本企業における人的資源管理という用語

　企業という組織において、どう"人を動かす"かは、いわゆる人事制度によって決められます。企業の人事制度には採用制度に始まり様々なものがありますが、当然のことながら、それらの制度は、企業が従業員をどう管理しようと考えているかによって決まってきます。

　日本企業において従業員をいかに管理するかについては、人的資源管理のほかに、人事管理、労務管理や人事労務管理などといった用語が使われてきました。これらの用語は、現在の日本においては、あまり意味に違いなく使われています。ただし、少し限定して使う場合には、これらの用語の間には意味に違いが出てきます。もっとも一般的な分け方としては、**人事管理**を、従業員の「採用・異動・教育訓練・退職」などの管理について、**労務管理**を、「賃金・労働時間・安全衛生・福利厚生・労使関係」などの管理について扱うものとするものがあります[1]。このように人事管理と労務管理とで扱う管理分野に違いがあるのには、歴史的な背景があるためです。

　現在の日本では、頭脳労働（イメージとしてはスーツにネクタイといった格好で行うような仕事、いわゆるホワイトカラーの仕事）をする人であろうと、肉体労働（イメージとしては作業着を着て行うような仕事、いわゆるブルーカラーの仕事）をする人であろうと、企業で働く従業員は、みな同じように「社員」と呼ばれることが一般的です。同じ企業に雇われて働く従業員が企業の中での働き方の違いによって差別をされたり、身分的に差があったりすることは基本的にありません。

　しかし、戦前の日本では、そうではありませんでした。同じ企業で働く従業員であっても、ホワイトカラーの仕事をする人は「職員（あるいは社員）」と呼ばれ、ブルーカラーの仕事をする人は「工員」と呼ばれ、両者の間には明確な身分差があったといわれています。「職員」を管理するための施策には「人事管理」という用語が、「工員」を管理するための施策には「労務管理」

という用語が使われていたのですが、当時、職員の管理をするうえで重視されたのは「採用・異動・教育訓練・退職」などの管理であり、工員の管理をするうえで重視されたのは「賃金・労働時間・安全衛生・福利厚生・労使関係」などの管理でした。

　戦後になって、日本で進められた民主化政策の一環として、企業内の非民主主義的な制度や慣習が改められ、職員と工員との間にある身分差も解消されていきました。この結果、職員も工員も同じく社員と呼ばれるようになり、人事管理と労務管理とで意味するものに違いもなくなりました。そして、先述のように、少し限定して使う場合を除いては、企業の中での従業員（社員）の管理のことを、人事管理や労務管理、あるいは2つを合わせた**人事労務管理**という用語で、ほとんど区別なく表現するようになりました。

　なお、本章のタイトルにもある**人的資源管理**という用語は、1970年代にアメリカで使われ始めた**Human Resource Management**を訳したものです。このHuman Resource Managementという用語は、それまでアメリカ企業で行われていたPersonnel Management（＝人事管理）があまりに従業員をコストとして扱いすぎていたことへの反省から、それに代わり、より従業員の人間性や価値に着目し、ヒトを企業にとっての重要な資源として扱う管理のことを表す用語として使われるようになったものです。しかし、日本においては、人事労務管理と人的資源管理との間にそれほど大きな意味の違いなく使われています。

5-2　日本企業における人的資源管理

　日本企業の正規雇用労働者（いわゆる正社員）の働き方は、諸外国のそれとは大きく異なり、かなり独特なものとなっています。この日本独特な働き方あるいは労働者の雇用の仕方は、**日本的雇用慣行**と呼ばれ、一般的には**終身雇用**、**年功賃金**、**企業別労働組合**の3つが大きな特徴として挙げられてき

ました。これら「終身雇用」、「年功賃金」、「企業別労働組合」は、日本的雇用慣行の**三種の神器**といわれます。

　この「三種の神器」モデルが日本的雇用慣行を表すものだとされるようになったのは、経済協力開発機構（OECD）が1972年に発表した「対日労働力国別検討報告書」がきっかけだといわれています[(2)]。この中で、日本的雇用制度にはThree Principal Elements（3つの主要な要素）があり、それらは①Lifetime Commitment（生涯雇用）、②Seniority Wage（年功賃金制度）、③Enterprise Unionism（企業別組合主義）であるとされました。OECDが「対日労働力国別検討報告書」の中で示した、日本的雇用制度の純モデル（the Pure Model）、すなわち、上記3つの主要な要素を特徴として持つ雇用制度は、その後、「三種の神器」モデルとして、日本的雇用慣行の特徴を端的に示すものであると、長い間、広く認識され続けることとなりました。

　これら「三種の神器」のうち、労働組合が産業別あるいは職業別に存在するのではなく、基本的には、各企業単位で存在することを意味する「企業別労働組合」については、確かに現在においても日本企業の特徴といえるかもしれません。しかし、一般的に考えられているような、「一度企業に採用されたら、ほとんど解雇されることはない」とか、「働いたことによる結果（成果や業績）が考慮されることなく、働く人の年齢や勤続年数が出世（昇格・昇進）や給料（賃金）に反映される」といった、「終身雇用」および「年功序列」については、戦後の一時期だけ、比較的多数の日本企業で働く正規雇用労働者がそのような働き方をしていたことはあったにせよ、それが日本企業における普遍的な特徴であるとか、現在の日本企業における働き方にも当てはまるなどといったことはありません。特にこれから社会人となる読者の皆さんに当てはまるということは、ほぼ無いものと考えてよいでしょう。

　そこで、社会人になる前に、日本企業における主要な人事制度あるいは人的資源管理のあり方をしっかり学習して、将来、自分がどのように管理されるのかを知り、そこで自分が損をしないためにはどのようにしていかなければならないのかを考えておくことが大切になります。

5-3　日本企業における人的資源管理の諸領域

　実際の日本企業における正規雇用労働者の働き方の特徴には様々なものがありますが、それらの中でも特筆すべきものとして、**新規学卒者定期一括採用**、**企業内教育**、**長期の競争**などがあります。

1　新規学卒者定期一括採用

　新規学卒者定期一括採用は、単に新卒採用といわれることもありますが、3月に学校を卒業した者をその直後の4月1日に新入社員として一括して採用する、という日本企業社会独特の採用方法です。ここでいう学校とは、中学校、高校、大学などとなります。企業によっては、3月末に入社させたり、秋採用（9月ないし10月に入社）を実施したりするものもありますが、主には4月に採用することとなっています。

　日本の大学生の多くは、大学3年生の終わりごろから4年生にかけての在学中に就職活動を行い、4年生のうちに企業から「内定」をもらい、大学を卒業した2～3週間後に開催される内定先企業の入社式への参加をもって企業に入社する、といった採用のされ方を当たり前のように考えているのではないでしょうか？　確かに、日本の企業社会（特に、一定以上規模の企業群において）では、このような採用のやり方が長く一般的でした。しかし、世界的に見ると、このような採用方法が広く一般的であるという国は、そうありません。

　欧米の先進国では、企業が従業員を採用するのは、現時点あるいは1年程度先までの間にやるべき仕事の担当者がいない場合で、その仕事を担当することができる能力（**職務遂行能力**）や資格を持っている人を募集する、といった採用方法をとることが一般的だといわれます。つまり、「今、この仕事をやれる人、ウチの会社で働いてください！」という採用のやり方といえる

でしょう。このような採用は、その仕事を担当していた人が転職などして、その企業を辞めた際に、あるいは、新規事業が決定されて、その担当者が必要になった際に、即座に実施されます。すなわち、日本企業のように、4月にまとめて新入社員を採用するのではなく、担当者が必要になった時に、随時採用するというわけです。そして、そのようにして採用される人は、採用される際に職務記述書や職務明細書といったもので、入社後にやる仕事の内容が明確に決められていることが普通です。初めから自分がやるべき仕事の内容が決まっていて、それをわかったうえで入社し、入社後は基本的にその仕事しかしない、ということになります。

　これに対して日本では、先述したように、企業が従業員を採用するのは1年に1度、一斉にまとめてとなります。もちろん、突発的に担当者が必要になった時や、定期採用で必要な人数を確保できなかった場合などは、例外的に随時採用することはありますが、それでも基本は新規学卒者定期一括採用です。そして、入社後にやる仕事の内容が明確に決められていない状態で入社することがほとんどです。初めから自分がやるべき仕事の内容が決まっておらず、自分のやるべき仕事の内容がわからない状態で入社し、入社後は命じられた職場に所属し（配属といい、特に入社後最初の配属を初任配属といいます）、割り当てられた仕事は何でもやる、ということになります[3]。

2 ｜ 企業内教育

　日本企業が新規学卒者定期一括採用で採用する新規学卒者のほとんどは、ただ普通に既定の年数だけ学校に通い、そのまま学校を卒業したばかりの人なので、当然、入社後すぐに働くことができる能力や、正規雇用労働者としての就業経験を持ってはいません。欧米であれば一般的な、企業で職を得ることができる人が、職務記述書と職務明細書に基づいた自分の担当する仕事を全うするための職務遂行能力や就業経験を持っていて当たり前である姿と比べると、大きな違いがあります。日本企業は、そのような新規学卒者を企

業内の教育システムによって育成し、自社企業にとって有用な人材に育てていきます。

　日本企業の教育システムには、主な手段が1つと、それを補うもう1つとがあります。前者は、就業中の教育訓練である**OJT (On the Job Training)** です。そして後者は、仕事を一時的に離れて行われるもので、**Off-JT（Off the Job Training）**と呼ばれるものです。

　OJTとは、配属先の職場で実際に仕事をしながら行われる教育訓練で、上司や先輩の指導や助言を受けながら、仕事を覚えていくことが基本となります。普通は、簡単な仕事から始まり、その仕事を覚え、着実に遂行することができるようになったタイミングで、少し難しい仕事を、そしてさらに難しい仕事をと、順を追って難易度が高く、さらに責任も増す仕事ができるようになるべく教育訓練が施されていきます。このようなOJTによって、担当する仕事を全うするための職務遂行能力を持っていなかった新規学卒者も、徐々に実務能力を身につけていくこととなります。

　それに対して、Off-JTは、実際の仕事を離れて行われる教育訓練となります。多くの場合、座学の研修に参加するといった形式で行われるのですが、中には、資格取得講座を受講するものであったり、企業に学費を負担してもらって大学院等で勉強をすることもあったりします。このうち、研修の形で行われるOff-JTについては、タイミングを見計らって、階層別に行われることが一般的です。新入社員たちを集めての新入社員研修、初めて担当を持つようになった社員たちを集めての担当者研修、入社3年目の社員たちを集めての3年目研修、初めて管理職に就いた社員たちを集めての初級管理職研修など、タイミングや呼称は企業によって様々ですが、それぞれの企業やそこで働く従業員の実情に沿った節目において、階層別に教育訓練が行われます。

　非常に単純に捉えると、OJTは、仕事をさせることが教育訓練になっているということになります。そのため、中には適切な指導などを行わず、ただ日常業務をさせていることをもって「OJTをやっている」と勘違いする人がいます。しかし、それは正しくありません。OJTは、あくまでも教育訓練な

ので、日々、適切な指導を行うのは当然、それだけではなく、教育を受ける者（多くの場合、部下や後輩となります）の現状を知り、何が足りないのか、何の能力を身につけさせなければならないのかを把握したうえで、いつまでに、どこまでできるようになるのかといった期間や目標をそれぞれ設定し、期間の終わりにはその目標が達成されたのかの評価やフィードバックまで行う必要があります。そこまでして初めて、「OJTをやっている」といえるのです。

　このことからわかるように、正しいOJTを行う場合、上司や先輩社員には大きな負担がかかることになります。しかし、現場に即した実践的な能力を比較的短時間で身につけさせる教育訓練方法としては適切なものなので、日本企業では、このOJTが重視され続けてきました。ただ、OJTで身につけられる実務能力は、日常業務としてやっている仕事によって、実際にやっている個人によって、あるいは、それぞれの指導者などによって、様々な差が生じることが考えられます。そこで、OJTによって身につく実務能力を棚卸し、体系的に整理するために、Off-JTが行われることになります。この意味で、日本企業の教育訓練は、OJTが主であり、Off-JTはそれを補完するものといえます[4]。

　ここで注目すべきことは、OJTもOff-JTのいずれも、企業の責任の下、金銭的・時間的コストと労力を企業が負担して行う（**企業内訓練**）という点です[5]。欧米であれば、従業員は、自分の職務遂行能力は自分の責任の下、自分でコストを負担して伸ばしていくことが求められます。特定の仕事をする契約で入社した後は、基本的にはその決められた仕事が変わることはありません。徐々に難しい仕事を覚えていくことによって現状以上の職務遂行能力を伸ばしていくということがないのです。もしも、それを望むのであれば、企業内あるいは他企業の空いているポストを探して、その採用選考に応募し、採用されることによって仕事を変えていく必要があります。その際に求められるのは、応募先の仕事を全うできるだけの職務遂行能力なのですが、それは、応募するまでに自分で身につけておかなければなりません。そのため、

多くの人が、休職するなどして、自己負担で大学などに入学し実践的な教育を受けることとなります。

3 ｜ 長期の競争

　新規学卒者定期一括採用で採用され、特段の職務遂行能力も持っていなかった新入社員たちは、日常業務を遂行しながら、各々の職務遂行能力を伸ばしていきます。そして、その能力の違いによって、出世や昇給が決まっていくこととなります。

　日本の企業社会においては、その出世や昇給の判断材料となるものが能力であることが一般的となっています。このことから、日本企業は**能力主義**であるといえるでしょう。能力主義に関連する言葉として、**成果主義**というものがあります。これは、出世や昇給の判断材料となるものが成果（実績・業績）である場合で、特にアメリカ企業は成果主義だといわれています[6]。

　日本企業では、多くの場合、競争は同期（同じ年に、新入社員として企業に入社した者）の間で行われます。今田・平田［1995］によると、競争は、入社してからの年数に応じて①「一律年功」、②「昇進スピード競争」、③「トーナメント競争」という三期に分けられると説明されています。

　初期の「一律年功」期は、企業への定着を目的とする時期で、同期の間で差がつけられることはなく、ほぼ全員が同じように出世していきます。入社の段階では、先に述べた通り、新規学卒者定期一括採用が行われ、その際に個人の職務遂行能力はそれほど重要視されていません。そのため、同期の間の職務遂行能力の差というものは、考慮に値しません。したがって、「初期の段階は選抜や競争よりも、組織への一体化および適応という課題が中心になりそれには一律年功制が適している」[7]のです。

　しかし、一定期間を過ぎて、組織への一体感や適応がある程度なされた後も「一律年功」によって同期の間で差をつけないままでいると、能力のある者のやる気を損なう可能性がでてきます。そこで、次に「昇進スピード競争」

期を設け、適度な競争心を喚起することによってモラルの低下を防ぐ必要がでてきます。ただ、この「昇進スピード競争」期の競争はなだらかなもので、「『昇進できるかできないか』の競争ではなく、あくまで昇進が早いか遅いか」[8] の競争となります。適度に競争をさせながらも、その競争に出遅れた者が早い時期にやる気をなくすようなことにならないように、遅れた者もやり直しや、それ以降の競争のための仕切り直しをする仕組みが工夫されているのです。

そして、最終的にやってくるのが、「トーナメント競争」期です。ここでの競争は、「昇進スピード競争」期のような昇進するのが早いか遅いかの問題ではなくなり、上の役職に昇進できるかできないかという切実な差となって現れてきます。この際に重要となるのは、「昇進スピード競争」期における評価の結果が、「トーナメント競争」期の下地となっていることです。すなわち、「昇進スピード競争」期でできた差は、次の「トーナメント競争」期になれば完全に解消され、ふたたび完全に同じスタートを切ることができるわけではないのです。「昇進スピード競争」期における評価も、その従業員の職業人生全体における競争に影響を与えるということを忘れてはいけません。

このような競争が、日本企業では、概ね30年程度続けられることになり、その期間は欧米企業のそれと比べると非常に長いとされています。日本の企業の中での評価については、特に**人事考課**という用語が用いられるのですが、この人事考課によって、個々人の能力と働きぶりが評価され、その結果が競争に反映されることとなります。

5-4　人的資源管理論を学ぶ意義

日本企業における人的資源管理の特殊性は、かなり長い間、議論されてきました。前節でみた採用、教育訓練、競争のやり方も、そのうちの一部にすぎません。そして、当然、日本以外の国には、それぞれの社会の実情に沿っ

た、企業の人的資源管理のあり方があるでしょう。また、この章の初めに述べたように、人的資源管理は企業以外でも、ありとあらゆる組織を対象とすることができます。そのような事柄について、1つひとつ深く追究していくのが、人的資源管理論の面白さです。

　大学で経営学を学び、卒業後はビジネスパーソンとして企業で働いたり、公務員として公的機関で働くことを予定している人は、この人的資源管理論をしっかり学び、次のようなことを常に考えることが重要になります。それは、「いつからやっているのか？」、「なぜこのようなことをするのか？」、「それは今後変わることがないのか？」といった疑問です。そして、そこから、「そうであれば、自分はどうしないといけないのか？」を考えることにつなげていくのです。そうすることで、在学中の就職活動においても、そして、卒業してから40年以上続く社会人人生においても、きっと、この人的資源管理論での学びが活きてくるに違いありません。

注
- (1)　岩出［2013］pp.2-4 を参照。
- (2)　これは、OECDの労働力社会問題委員会が1969年11月から1972年6月にかけて実施した調査を取りまとめたものです。
- (3)　このことから、採用時に日本企業が新規学卒者に期待する能力は、特定の職務遂行能力よりはむしろ、その者の人柄であったり、一般的な知識水準や訓練可能性等となります。
- (4)　ここで留意すべきことの1つは、個人の能力と、それが通用する期間との関係性です。各人は、自身の能力が陳腐化せぬよう、常に環境の変化に敏感になり、その変化に対応する能力の獲得を図っていく必要があるのです。
- (5)　近年では、各自の能力開発に対しては、ある程度、従業員自身の責任が求められるようにもなってきています。これまでであれば、企業任せにしていた自身の能力開発について、従業員自身の選択と決定の余地が出てきています。
- (6)　これに関連して、日本企業における賃金（給料）は職能給、欧米企業におけるそれは職務給と大別されることがあります。
- (7)　今田・平田［1995］pp.62-63 から引用。
- (8)　八代［2002］p.41 から引用。

参考文献

- 今田幸子・平田周一［1995］『ホワイトカラーの昇進構造』日本労働研究機構。
- 岩出博［2013］『LECTURE 人事労務管理〔増補版〕』泉文堂。
- 八代充史［2002］「日本のホワイトカラーの昇進は本当に『遅い』のか」『日本労働研究雑誌』日本労働研究機構、第501号、pp.41-42。

学習の後に読むべき本

- 八代充史［2014］『人的資源管理論〈第2版〉』中央経済社。
- 今野浩一郎・佐藤博樹［2009］『人事管理入門（第2版）』日本経済新聞出版社。

第 **6** 章

組織心理学
組織で働く個人と集団を理解する

SUMMARY

組織心理学では、組織で活動する個人や集団に注目し、その心理や行動について理解を深めることを目的とします。その学問領域は広く、様々なトピックが含まれますが、この章では、「組織で個人が活躍するために知っておきたいこと」、「集団が成果をあげるために知っておきたいこと」の2点に関するトピックを取り上げます。これらの知識は自己の理解、そして他者や身近な集団を理解することにもつながります。

6-1　組織における個人

1 ｜ モチベーションを理解する

①モチベーション（動機づけ）とは

　私たちの多くは、学校を卒業した後、企業などの組織に属し、生活の大部分をそこで働くことに費やします。同じ職場で働く上司や同僚と関わりながら、自分に与えられた役割や職務を果たそうとします。私たちが「働く」理由は様々です。仕事をすることで賃金を得られ、安定した生活をすることが可能になります。また、同じ職場で働く他者とのつながりができ、自分の居場所を得ることもできます。仕事を通じて、社会の役に立つことができたと満足感や達成感を感じたり、自分自身が成長できたと感じられたりすることもあるかもしれません。

　「働く」以外に、たとえばスポーツやゲームに熱中することも同じように考えることができます。仕事やスポーツなど特定の行動に私たちを方向づけ、その行動を維持するプロセスのことを心理学では**動機づけ**と呼びます。英語の**モチベーション**をそのまま使うこともあります。また、このようなプロセスにおいて行動の理由となるものを**動機**や**欲求**と呼びます。

　ここでは、「働く」という行動の動機や動機づけ（モチベーション）について考えます。働く動機づけを理解するために、心理学では様々な理論が提唱されています。「働く」という行動は外から観察することができますが、働いているその人の中で何が起きているかについては推測するしかありません。心理学では、その人の中で起きていることを説明しようと様々な理論が考えられており、それぞれの考え方には特徴があります。その考え方によって、動機づけの理論は内容理論と過程理論に分類されることがあります。

②モチベーションの内容理論

内容理論では、働くモチベーションにはどのような欲求が関わっているかを考えます。その代表的なものは**マズローの段階欲求理論**です。

マズロー（Maslow, A.H.）は段階欲求理論の中で5つの欲求を仮定しました。「生理的欲求」、「安全欲求」、「所属と愛の欲求」、「尊敬欲求」、「自己実現の欲求」です。**生理的欲求**は、食や睡眠などに関わる生命維持のための最も低次な欲求とされます。**安全欲求**は危険なことから身を守り、安全で安定した状況を求める欲求です。**所属と愛の欲求**は、他者からの愛情や集団に受け入れられることを求める欲求です。**尊敬欲求**は、周囲の人から評価され、尊敬されたいという欲求です。そして、**自己実現の欲求**は、自分の可能性を最大限に実現し、理想的な自分に近づこうとする欲求です。この理論の特徴は、5つの欲求は階層をなしており、自己実現の欲求に至るまでに低次の欲求から段階的に満たされる必要があると考える点です。また自己実現の欲求という成長動機の存在を仮定し、他の欲求とは区別した点もこの理論の特徴です。

この理論に対しては批判も多く、実際には5つの欲求が存在していることが確認できないなどの問題点も指摘されています。その一方で、すべての人は成長を続けたいという自己実現の欲求を持っているとしたこの理論は、**経営管理**の考え方に大きな影響をもたらしました。特に、成長動機の存在から、仕事へのモチベーションを高めるのに賃金や良好な人間関係だけでは不十分である可能性を示しています。

この他、マズローの段階欲求理論の問題点を修正した理論として、アルダファ（Alderfer, C.）は **ERG理論**を提唱し、「生存欲求」「関係欲求」「成長欲求」の3つの欲求を仮定しています。マズローの5つの欲求との対応関係を**図表6-1**に示します。このような欲求を踏まえ、企業において職場環境を整備したり、職務内容や研修の在り方を工夫したりする取り組みがなされることもあります。

図表6-1 | マズローの段階欲求理論とアルダファのERG理論

マズローの段階欲求理論
生理的欲求
安全欲求
所属と愛の欲求
尊敬（承認）欲求
自己実現の欲求

アルダファのERG理論
生存欲求 Existence
関係欲求 Relatedness
成長欲求 Growth

出所：田尾［1999］をもとに筆者作成。

③モチベーションの過程理論

過程理論では、モチベーションを高める条件や環境に注目します。どのようなものに注目するかは理論によって異なります。

目標設定理論では、目標が明確で困難なものである時、最もモチベーションが高まり、高い業績につながるとします。明確な目標によって、何をどこまでやるべきかが明らかになり、努力の方向性が決まります。同時に、目標が困難なものであることで、達成のために相応の努力が必要となり、その結果、一定量の努力が維持されることが期待されます。「とにかく頑張る」という曖昧な目標では何をどこまで頑張ったらよいかわからず、動機づけにはなりにくいですが、たとえば「半年後の大会で優勝する」といった目標であれば、準備すべきことや頑張る期間が具体的になります。さらに、その目標が難しいものであれば、今のままでは達成できないので努力する必要が出てきます。**明確で困難な目標**はチャレンジ課題となり、クリアできた時の達成感が報酬となると考えられます。このような目標の効果を得るためには、ほかに、適切なフィードバック、目標達成に必要な知識や能力、自己効力感（課題に対する自信）などの要因も不可欠ですが、多くの職場で明確で困難な目標が業績を大きく引き上げることが実証されています（Latham［2007］（金井監訳［2009］））。

公平説（公正理論） では、組織や集団の中で公平に扱われることとモチベーションの関係に注目します。この理論では、組織や集団において、自分が不公平な扱いをされていると認識されると、仕事へのモチベーションが下がってしまうことがあると考えます。たとえば、賃金は同じなのに、自分は同僚よりも多くの仕事をしている状況は不公平であると認識されます。より多く仕事をしている分に見合った報酬が得られないままであると、不公平さは解消されないため、同僚とのバランスをとるために、頑張るのをやめ、仕事量を減らしてしまう可能性があるのです。自分が公正で公平に扱われているかどうかは誰にとっても重要な問題です。不当に扱われているという認識は怒りや失望といった負の感情を引き起こし、パフォーマンスに悪影響を及ぼします。組織や集団において、全員が納得するような公正で公平なルールを作るのは難しいことですが、多くの研究において、一貫性があり私心が入らない明確なルール（手続き的に公正なルール）と高い業績には関連があることが報告されています（Latham［2007］（金井監訳［2009］））。

2 │ 職務や組織への適応を高める

①適性の考え方

　組織はその活動を円滑に進めていくために人材を確保し、適切な職務を割り当てる必要があります。現在、日本の多くの企業では、新卒一括採用と呼ばれる方式で、高校や大学を卒業する予定の新卒者を一括して採用しています。各企業は人員確保のための採用計画に従い、採用活動を進めることになります（詳細は5-3の1項参照）。大学生の場合、大学3年生の終わり頃に就職活動が始まり、4年生のうちに企業からの内定を得て活動を終えるのが一般的です。採用選考では、選考対象となる大学生の適性や能力を様々な手法で幅広く評価し、採否を決定します。日本の多くの企業では、職務の遂行に求められる能力的な側面だけではなく、勤勉さや意欲など人格や態度の側面も含めて広く適性を捉え、評価します。

図表 6-2 | スーパーの適合性

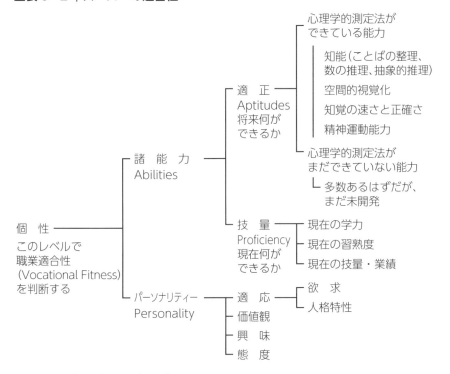

出所：Super [1957]；中西 [1981]。

　適性の定義は様々で、業種や職務によって具体的な内容は異なりますが、職務に適した能力、性質、性格、態度などの要素が含まれます。**スーパー (Super, D.E.)** は**職務への適合性**を**図表 6-2**のように示しました。能力面での適性を重視する欧米に比べ、先にも述べたように、日本では人格も含めた総合的な評価が行われる傾向があります。このように適性の概念には社会や文化による相違があることも指摘されています。

　適性は**適応**の問題であるとする考え方もあります。様々な点でその仕事や組織に馴染めるかどうかということです。大沢[1989]は、適性の3側面モデルで「職務への適応」、「職場への適応」、「自己への適応」をあげていま

す。**職務への適応**は、その職務を遂行するために適したスキルや能力があるかどうかという能力的側面、**職場への適応**は、職場での人間関係や組織の風土に馴染めるかどうかという性格的側面に関わっています。**自己への適応**については、自己実現や仕事を通じたやりがいや満足が得られるかどうかが問題となります。これらの側面について適応できる可能性が高い時、その仕事や組織への適性があると考えます。

②**適正の評価と育成**

　採用選考では、一般に、初めにエントリーシートの提出が求められ、その内容に基づく書類選考の後、適性試験やグループディスカッション、面接などが実施されます。これらの手法を用いて、その企業が採用したい人材であるかどうかが評価されます。評価の対象となる学生の多くは職務の経験がないため、適性試験で能力や性格を把握したり、どのような学生生活を送ってきたかなどを面接で確認し、その内容から適性や意欲を判断したりして採否を決めることになります。一方、学生の側も、具体的な就業経験に乏しい中で仕事や職場を選ぶことになるため、両者の間にはミスマッチの可能性が存在します。近年、新卒者の約3割が就職後3年以内に会社を辞めてしまうことが問題となっていますが、この傾向は30年以上前から大きく変わっておらず（厚生労働省［2017b］）、新卒一括採用が持っている根本的な問題といえます。最近では、採用活動に先立ち、インターンシップという就業体験を通して双方の理解を深めることで、ミスマッチを減らす試みが定着しつつあります。

　日本の多くの企業では、このように就業経験のない新卒者を採用し、入社後の教育・研修によって、必要とされる職務遂行能力を育成するしくみを持っています（詳細は5-3の2項参照）。

3 | ストレスをマネジメントする

①ストレスとは

　現在、働く人々が直面するストレスの深刻さは、社会的に重要な問題となっています。長時間労働による**過労死**、**メンタルヘルス不調**による休職などは、本人や家族はもちろんのこと、職場や社会にとっても大きな影響をもたらします。働く人々のストレスを理解し、その対策を講じることは急務の課題となっています。

　働く人々のストレスに関わる現状を知る手がかりとなる調査をいくつか紹介します。厚生労働省の「労働者健康状況調査」（2012年までは5年おきに実施、2013年以降は「労働安全衛生調査」として毎年実施）によると、事業所で働く人々の約6割が「仕事をしていて強いストレス、悩み、不安がありますか」という質問に対して「ある」と回答しています。ストレスの内容としては、職場の人間関係、仕事の量や質の問題を挙げている人がそれぞれ3〜4割です。

　毎年、厚生労働省が発表する労災補償状況には、長時間労働などが原因で脳・心臓の疾患や精神疾患を発症したとして労災補償が申請された件数、認定件数、死亡件数が報告されています。脳と心臓の疾患については、申請件数は年間800件前後でここ数年横ばいが続いていますが、精神疾患（おもに気分障害）については、その請求件数も認定件数も増加を続けており、毎年のように過去最高を更新し続け、1999年に155件だった請求件数（認定は14件）は2017年に1,700件を超え、うち506件について労災補償が認定されています。労働者のストレス、とりわけメンタルの不調は看過できない事態になっているといえます。

　このような事態を改善するため、様々な取り組みが必要とされています。1つは、**組織によるストレス・マネジメント**です。厚生労働省は2000年に「事業場における労働者の心の健康づくりのための指針」の通達により、職場でのメンタルヘルス対策を推進してきました。2015年には**労働安全衛生法**

図表 6-3 ｜ 心理学的ストレスモデルの概念図

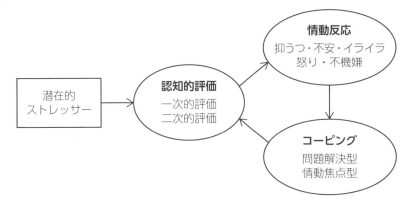

出所：Lazarus & Folkman [1984].

が改正され、50人以上の事業所を対象として**ストレスチェック**が義務化されました。組織として従業員の働き方や仕事量を定期的に見直すことで、ある程度のストレス低減が期待できると考えられます。もう1つは、働く**個人が自身で行うストレス・マネジメント**です。ストレスの仕組みを理解し、ストレスとうまくつきあっていくための考え方やスキルを1人ひとりが知っておく必要があります。

　そもそもストレスとは何でしょうか？　初めてこの現象に注目し、研究を始めたのは生理学者の**セリエ（Selye, H.）**です。1930年代のことです。セリエは、有害な刺激にさらされた時に身体に生じる変化（胃の出血や潰瘍、副腎皮質の肥大など）に注目し、この一連のプロセスを**ストレス**と呼びました。ストレスの原因となる事柄を**ストレッサー**、結果として生じる反応を**ストレス反応**として区別することもあります。その後、ストレス過程の心理的側面に関する研究が数多く行われるようになり、心理学者の**ラザルス（Lazarus, R.S.）**は、ストレスに対する認知的評価に注目した**心理学的ストレスモデル**を提唱しています（**図表6-3**）。このモデルによると、直面している事態が自分にとって脅威や負担であり（一次的評価）、結果が思い通りに

ならない、コントロールできない（二次的評価）と主観的に評価された時、私たちはストレスを感じます。たとえば、試験や面接などが自分にとって重要であるほど、また望むような結果を得るのが難しいと感じるほど、不安や焦燥感、憂鬱といった情動反応が強くなるということです。これにより、ストレスの個人差を説明することができます。また、このモデルでは、ストレスに対する**コーピング（対処）**の概念も取り入れています。コーピングはストレス反応を低減しようして行われる認知的、行動的な努力のことで、ストレスの原因となっている問題を根本的に解決しようとする**問題解決型コーピング**、情動反応を低減することに重点をおく**情動焦点型コーピング**などがあり、適切なコーピングによってストレスの低減が期待できます。このように、ストレスは認知的評価によって大きく左右されることから、たとえば完璧主義、悲観主義などの認知傾向を見直すことによってストレスを減らすという対策も有効であると考えられます。

②**職務ストレスとマネジメント**

　仕事で経験されるストレスには様々な要因が関わっていると考えられています。NIOSH（米国国立職業安全保健研究所）による**職業性ストレスモデル**（**図表6-4**）には、これらの要因間の関連が示されています。仕事のストレッサーには、仕事の量的負荷、仕事のコントロール、対人葛藤、役割葛藤、役割の曖昧さなどの要因が含まれます。このモデルによると、ストレッサーがストレス反応をもたらすプロセスには性格特性などの個人要因も関わっています。緩衝要因の影響も示され、特に職場の上司や同僚からの支援はストレスを緩和する効果があることが明らかになっています。また個人が行う適切なコーピングも緩衝要因に含まれ、その効果が実証されています。

　労働時間や役割などに関わる要因は組織のストレス・マネジメントの課題として改善すべき問題ですが、先述したように、個人でできる対策もあります。これらのストレス・マネジメントの考え方は職場における**セルフケア**、**ラインケア**など4つのケアとして推進されています（厚生労働省［2017a］）。

図表 6-4 | NIOSH の職業性ストレスモデル

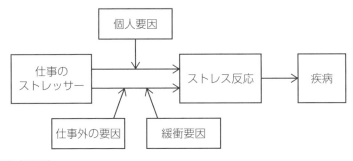

出所：原谷 [1993]。

6-2 | 組織における集団

1 | 集団の特性を知る

①まとまりの良い集団の条件

　人の集まりを表現する言葉はいくつかありますが、**集団**は、単なる人の集まりを意味する集合や群衆とは区別されます。集団と呼べる条件として考えられるのは、メンバーに共通の目標があること、メンバー間に協力関係や役割分担があること、コミュニケーションや相互作用が生じていること、などです。一方、たとえば、たまたま同じバスに乗り合わせた人たちは、複数であっても、集団とは呼ばれません。企業などの組織には、部署や課といった共通の目的をもち、協力して仕事を進める集団がいくつか存在し、それぞれの役割を果たしています。組織が目標とする成果をあげるために、1つひとつの集団にはその役割をしっかり果たすことが求められます。

　集団の特徴はいくつかの点で捉えることができます。1つは集団の**凝集性**です。凝集性は集団のまとまりの良さを意味し、「メンバーが集団に対して感じる魅力や求心力」と定義されます。集団には凝集性が高い集団もあれば、

結成された直後などのように、メンバーがまとまっていない凝集性の低い集団もあります。

　もう1つは、**規範**の存在です。集団における規範は「メンバーが共有する判断や行動の枠組み」と定義され、その集団における「正しい」判断や「あるべき」行動を暗示する働きを持っています。明文化されたルールとは別に、集団の規範はそのメンバーの判断や行動に影響を及ぼします。たとえば、決まった始業時間があっても、早めに出勤することが規範になっている職場では、始業時間ぎりぎりに出勤することは望ましい行動とはいえないため、多くのメンバーは規範に従い、早めに出勤することになります。このような規範が明確に存在するかどうか、またどのような規範が存在するかは集団によって異なります。集団における規範は、メンバーの相互作用によって形成され、規範の内容には多数派のメンバーの価値観が反映されていると考えられています。集団に明確な規範が存在することでメンバーの足並みが揃い、目標達成に向けた仕事が進めやすくなります。

② **集団の発達と硬直化**

　集団は時間とともに変化します。初対面のメンバーで結成された直後などは、お互いのことをよく知らず、役割分担も不明確で、集団としての規範も存在していません。活動の中で意見の対立などの葛藤も経験しながら、次第に規範が確立され、メンバー間の信頼感も生まれてきます。その段階になると、目標達成に向けて効果的な協働が見られるようになります。すべての集団がこのような段階にたどり着くわけではありませんが、Tuckman and Jensen［1977］は、このような集団の変化を**集団発達の5段階モデル**として提唱しています。

　目標達成に適した集団として発達しても、長期にわたって同じメンバーで活動を続けていくと、その有効性は低下していきます。Katz［1982］によって行われた集団年齢に関する調査では、業績のピークは集団活動開始後2～3年の辺りであることが明らかになっています。活動期間が10年を超える

と、業績は大きく下がり、活動を始めたばかりの集団よりも低いことも示されています。このような集団では硬直化が起きていると解釈することができます（古川［1990］）。長期間にわたって同じメンバーが活動している集団では、コミュニケーションの固定化、役割の固定化、前例主義など、集団の活動を阻害する現象が起きていると考えられます。このような現象を踏まえ、集団の硬直化を防ぐ取り組みが重要となります。

2 リーダーシップの効果を高める

①効果的なリーダーシップとは

リーダーシップは集団の成果を左右する要因の1つです。その重要性は、企業などの組織のみならず、スポーツや政治など様々な集団において認識され、リーダーシップの心理学的な研究にも長い歴史があります。一貫して研究の目的となってきたのは「効果的なリーダーシップとはどのようなものか」を明らかにすることです。

心理学におけるリーダーシップ研究は、リーダーの特性や資質に注目した研究から始まりました。**特性アプローチ**と呼ばれます。優れたリーダーが共通して持っているのはどのような資質なのかを探るために数多くの研究が行われました。研究対象となったのは、知能、身長や体重、運動機能、年齢、社交性や責任感などの特性です。子供から大人まで、スポーツのチームや軍隊など幅広い集団を対象として、リーダーとして選出されている人とその他のメンバーにはどのような違いがあるか、集団で優れた成果を上げているのはどのようなリーダーかが研究されました。しかし、多くの研究報告は一貫しないもので、リーダーの資質といえるものを特定することはできず、明確な結論を得ることはできませんでした。

その後、リーダーの資質ではなく、ふるまい方に注目した研究が報告され始めます。これは**行動アプローチ**と呼ばれます。専制型リーダーと民主型リーダーというリーダーシップ・スタイルの比較研究（White & Lippitt

図表6-5 | PM理論

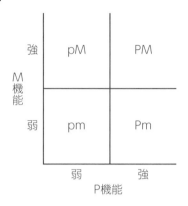

出所：三隅［1984］。

［1960］）から始まり、リーダーシップの機能（集団に対する働きかけ）の有効性を探る研究を経て、**PM理論**へと発展していきます。

　PM理論では、リーダーシップ機能をP機能とM機能に分類します。**P (Performance) 機能**とは目標達成を志向する行動のことで、具体的には、目標達成までの計画を綿密に立てるなどメンバーに仕事をしっかりさせる働きかけです。**M (Maintenance) 機能**は人間関係志向の行動を意味し、メンバーを信用し理解する、メンバーを公平に扱うといった行動が当てはまります。それぞれの高低によって4つのリーダーシップ・パターンに類型化されます（**図表6-5**）。この理論では、リーダーはこの2つを十分に発揮することで集団は高い成果をあげ、メンバーの満足度も高まるとしました。数多くの実験研究、調査研究によってこのことは実証されています。

　特性アプローチと行動アプローチは、どのような状況でも有効なリーダーの特性や行動を探るものでしたが、1970年代に入ると、リーダーシップの効果は集団の状況によって変化するという考え方が出てきます。これを**状況即応アプローチ**と呼びます。代表的なものとして、メンバーの成熟度によってリーダーシップのスタイルを変えるべきとしたライフサイクル理論（**図表**

図表6-6 | ライフサイクル理論

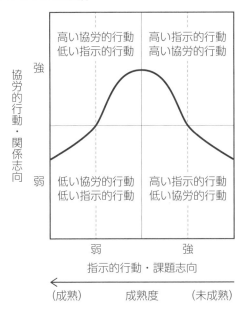

出所：Hersey & Branchard［1977］．（山本他訳［1978］）

6-6)、集団状況とリーダー・タイプのマッチングが重要としたコンティンジェンシーモデルなどがあげられます。

ライフサイクル理論では、メンバーの成熟度を4段階に分け、それぞれの段階において効果的なリーダーのスタイルを示しています。この理論によると、最も未成熟な段階では職務を遂行する能力は不十分なため、指示的行動（課題志向）中心のスタイルが有効とされます。1つ成熟段階が上がると、指示的行動は強めたままで協労的行動（関係志向）を加え、情緒的な側面を支えます。さらに段階があがると、指示的行動の必要性は低くなるので弱め、協労的行動でモチベーションを維持します。最後の成熟段階では、メンバーの能力や意欲は最も充実しているため、指示的行動と協労的行動ともに必要性は低くなり、どちらも弱めてメンバーの自主性を尊重します。このように、

状況に合わせたリーダー行動をとることで、その効果がより高められると考えられます。

②フォロワー（メンバー）の役割

集団の目標達成に向けた作業や取り組みはリーダーを含めたメンバー全員で行われます。リーダーが優れたリーダーシップを発揮したとしても、1人で課題をクリアすることはできません。リーダーにはメンバーがその力を発揮できるようなリーダーシップが求められますが、同時に、メンバーの行動や成果もリーダーの働きかけに影響します。このようなリーダーとメンバーの相互作用に注目した考え方として、**交換型アプローチ**の研究があります。Hollander [1978] は**社会的交換**の理論に基づき、リーダーとメンバーの関係を一種の交換関係とみなしています。リーダーはメンバーに役割や責任、結果に対する承認などの報酬を与え、それに対してメンバーはリーダーに対する尊敬や承認を返すという関係です。このような交換関係を通じてリーダーはリーダーとしての正当性を確認できると考えます。

また時には、集団のパフォーマンスを最大限に発揮するために、メンバーにリーダーシップの機能を委譲したり分散させたりすることが有効となる状況も考えられます。最近、注目されている理論では、リーダーとメンバーの信頼関係に基づき、メンバーの主体性や自発的な協力行動を促すリーダーシップのあり方が示されています。代表的なものとして、**サーバント（奉仕型）・リーダーシップ**、**シェアド（共有型）・リーダーシップ**があります。

3 ｜ 組織・集団のエラーを防ぐ

①集団の落とし穴

集団には相応の成果を上げることが期待されますが、必ずしも期待通りの結果にならないことも多くの心理学的研究が明らかにしています。たとえば、**社会的手抜き**と呼ばれる現象のように、1人で行う時には十分に力が発揮さ

れていても、それが集団になると無意識のうちに1人ひとりの力が弱くなってしまい、結果として集団のパフォーマンスは最大にならないことがあります。このような現象は、綱引きや合唱など集団で力を合わせる状況でよく見られ、経験がある方は多いはずです。

　集団が何らかの意思決定をする際には、そこにメンバーの意向が公平に反映されることを期待しますが、実際には偏ることもあります。**集団極化**と呼ばれる現象では、集団の意思決定は1人ひとりのメンバーの意見を集約したものよりも極端になります。たとえば、天候が良くない状況での登山など、多くのメンバーは中止した方がよいと思っていても、集団全員で話し合っているうちに、せっかくの機会だし最後まで続けようという結論になってしまうような場合で、これは**リスキーシフト**と呼ばれます。

　また、**グループシンク（集団思考）**のように、集団が明らかに誤った判断をしてしまうこともあります。組織の不祥事や事故につながった意思決定においてしばしば指摘されます。実際に起きた事例としては、1986年に起きたチャレンジャー号の打ち上げ失敗が挙げられます。乗組員7名全員が犠牲となったこの事故では、事前に技術的な問題があることを把握しながら、NASAの幹部は打ち上げに踏み切ったことが明らかになり、この時のNASAの意思決定にグループシンクが起きていたと考えられています。集団で活動する際には、このような集団の負の側面もよく理解しておくことが重要です。

②ヒューマンエラーと組織

　人は誰でもミスをします。忘れ物や言い間違い、入力ミスなど、些細なうっかりミスは日常的に誰でも経験することです。このようなエラーは**ヒューマンエラー**と呼ばれます。個人が日常生活でおかすエラーも様々な影響をもたらしますが、多くの人が関わる組織や産業場面でヒューマンエラーが起きると、その影響はより広く深刻なものになります。特に医療、航空、鉄道、建設など利用者や労働者の安全確保が課題となる組織におけるヒューマンエラー対策は重要な課題となっています。

ヒューマンエラーは個人の注意や記憶がうまく働かずに起きるタイプのもの(**スリップ**や**ラプス**と呼ばれます)、先入観や思い込みによる勘違いや見間違いなど(**ミステイク**)に区別されることがあります。エラーが発生する仕組みはそれぞれ異なるため、適切な対策もそれに応じて変わってきます。注意不足によるスリップには指差呼称など動作を確実に行う対策が、忘れ物などの記憶が関わるエラーはメモやアラームの活用が有効と考えられます。また、エラーは外的な要因によって誘発されることもあります。職場の設備や機械が間違いやすい構造になっていたり、一度に多くの仕事をこなさなければならない作業環境になっていたり、エラーしやすい状態になっている場合はその原因を取り除くことが重要です。また、エラーが起きたとしても被害を小さくするような仕組みを作っておくことも有効です。

参考文献

- Hersey, P. and K.H. Blanchard [1977] *Management of Organizational Behavior*, 3rd ed., Prentice Hall. (山本成二・水野基・成田攻訳 [1978]『行動科学の展開―人的資源の活用―』日本生産性本部)
- Hollander, E.P. [1978] *Leadership Dynamics: A practical guide to effective relationships*, New York: Free Press.
- Katz, D. [1982] The effects of group longevity on communication and performance, *Administrative Science Quarterly*, Vol.27, No.1, pp.81-104.
- Latham, G.P. [2007] *Work Motivation: History, Theory, Research, and Practice*, SAGE. (金井壽宏監訳、依田卓巳訳 [2009]『ワーク・モティベーション』NTT出版)
- Lazarus, R.S. and S. Folkman [1984] *Stress, appraisal, and coping*, Springer. (本明寛・春木豊・織田正美監訳 [1991]『ストレスの心理学』実務教育出版)
- Super, D.E. [1957] *The psychology of careers: an introduction to vocational development*, New York: Harper.
- Tuckman, B.W. and M.C. Jensen [1977] Stages of Small-Group Development Revisited, *Group & Organization Studies*, December, Vol.2, Iss.4, pp.419-427.

- White, R.K. and R. Lippitt［1960］*Autocracy and Democracy*, Harper and Row.
- 大沢武志［1989］『採用と人事測定―人材選抜の科学―』朝日出版社。
- 厚生労働省［2017a］「職場における心の健康づくり～労働者の心の健康の保持増進のための指針～」http://www.jil.go.jp/kisya/kijun/20000809_02_k/20000809_02_k.html〔最終閲覧日：2019 年 1 月 20 日〕。
- 厚生労働省［2017b］「学歴別就職後 3 年以内離職率の推移」https://www.mhlw.go.jp/content/11652000/000370074.pdf〔最終閲覧日：2018 年 8 月 8 日〕。
- 斎藤勇編、林春男・小窪輝吉・磯崎三喜年・古川久敬著［1987］『社会的勢力と集団組織の心理：対人社会心理学重要研究集 1』誠信書房、pp.38-40。
- 田尾雅夫［1999］『組織の心理学［新版］』有斐閣ブックス。
- 中西信男［1981］「職業への適応」森清善行・長山泰久編『心理学 8：産業心理』有斐閣。
- 原谷隆史［1993］「日本語版 NIOSH 職業性ストレス調査票の信頼性および妥当性」『産業医学』第 35 号, S.214。
- 古川久敬［1990］『構造こわし―組織変革の心理学』誠信書房。
- 三隅二不二［1984］『リーダーシップ行動の科学』有斐閣。
- 山口裕幸・金井壽子［2007］『よくわかる産業・組織心理学』ミネルヴァ書房。

学習の後に読むべき本

- 島津明人［2015］『職場のポジティブメンタルヘルス：現場で活かせる最新理論』誠信書房。
- 中野敬子［2016］『ストレス・マネジメント入門［第 2 版］―自己診断と対処法を学ぶ』金剛出版。
- 本間道子［2011］『集団行動の心理学―ダイナミックな社会関係のなかで』サイエンス社。
- 白樫三四郎［2001］『リーダーシップの心理学―効果的な仕事の遂行とは』有斐閣。

第 **7** 章

人間関係を知る
ソーシャルスキルから人間関係を理解する

SUMMARY

大学生の皆さんから寄せられる悩みの中には、人間関係にまつわる内容のものが少なくありません。そして、多くの皆さんは人間関係がうまくいかない理由として、自分の性格が原因だと考えている方が多いようです。しかし、それは本当なのでしょうか。

この章では、ソーシャルスキルという概念を用いて、新たに人間関係を捉えなおすことを提案してみたいと思います。このことを通じ、皆さんがこれからの人間関係をより良いものとしていく一助となれば幸いです。

7-1 ソーシャルスキルとは何か?

ソーシャルスキルとは、英語で"Social Skill"と表します。ここでのSocialという単語は1対1での人間関係や個人と集団における人間関係、組織や社会における人間関係というように、幅広く人間関係に関連することがらを意味します。一方、Skillという単語は私たちが何かを身につけようとして練習した結果、日常生活の中でできるようになった技能や技術を意味しています。すなわち、ソーシャルスキルとは、私たちが日々の生活において身につけてきた、人間関係を円滑に営むための行動やものの捉え方、考え方ということになります。

大学生活の中では人間関係にまつわる悩みや困りごとが少なくないことについてサマリーで触れましたが、この問題をソーシャルスキルという観点から考えてみましょう。大学生になって初めてアルバイトに取り組む皆さんからは「試験前で勉強をしないといけないのに、無理なシフトを入れられてしまって断れずに困っている」、ないしは「もうアルバイトを辞めたいんだけど、店長にうまく切り出せずに悩んでいる」といった声がよく寄せられます。こうした困りごとや悩みを抱える人たちをどのように理解すればよいのでしょうか。サマリーにも述べたように、私たちはしばしば性格を原因とする考え方で人間理解を試みようとすることがあります。すなわち、今回の例であれば「気が弱い」という性格が理由で、アルバイトを断ることができずにいるのではないか。という仮説に至るわけです。確かにもっともらしい話のようですが、「気が弱い」とレッテルを貼るだけでアルバイトを断れずにいる人たちの悩みは解決されるでしょうか。むしろ、「気が弱い」という、一般的にはネガティブに捉えられるようなレッテルを貼られてしまうことによって、その人がますます自尊心を低下させてしまうようなことにつながりかねない側面もあるのではないでしょうか。それに、性格そのものを改善するというのは容易なことではありません。

それでは、ソーシャルスキルの観点から先の悩みや困りごとを眺め直してみましょう。いずれの問題にも共通していることとして、相手に対して「断れない」という点があげられます。この「断る」という行動はソーシャルスキルの中のうち、主張性スキルの1つとして知られています。本節冒頭のソーシャルスキルの説明の際には、「私たちが日々の生活において身につけてきた…」というフレーズが含まれていました。この発想に基づくのであれば、「気が弱い」という性格のみが原因なのではなく、主張性スキルとしての「断る」行動を身につける機会がその人には少なかったのではないか、その結果、上手にアルバイトを断ることができずにいるのではないか、といった仮説を立てることができるのではないかと思います。

　「断る」という主張性スキルが経験不足のために身についていないのではないか、という新たな仮説が出てきました。さあ、それでは次にどのような形で先の悩みや困りごとへの解決方法を考えていけばよいのでしょうか。ソーシャルスキルの考え方に基づくのであれば、不足しているスキルを身につける、あるいは得意ではないスキルを少しずつ高めていくという発想につながっていきます。すなわち、今回の例では上手な断り方を身につけていく、そのクオリティを高めていくということになります。ですので、アルバイトが断れないと訴えてきた方の悩みを解決していくには、断りきれずにいる状況を具体的に共有していき、実際にその方が断るという形で自己主張ができるような技術を練習によって高めていくという形を取ります。こうした練習は**ソーシャルスキルトレーニング**と呼ばれています。

　ここまでのおさらいです。人間関係を円滑に営んでいくための行動やものの考え方、捉え方をソーシャルスキルと呼びます。人間関係での困りごとは性格だけが原因ではなく、ソーシャルスキルの不足で説明することができます。性格を変えるのはなかなか困難ですが、不足しているスキルを高めていくこと、身につけていくことであれば、私たちも日々の生活の中で意識的に取り組んでいくことができることかもしれません。スキルを身につける、高めていくための機会に恵まれなかったとするのであれば、そのような場面や

機会をいかに増やしていくかということが大切になってきます。

　大学生活の中では、アルバイトに留まらず部活動やサークル活動、課外活動といったように、組織における人間関係を通じて様々な経験を積むことをよく勧められます。それは知識や見聞を広げるというだけでなく、様々な人間関係を通じて、それまでに身についていなかった、もしくは不足しているソーシャルスキルを高めていくことに役立つという側面もあるのです。このような経験を通じ、社会に出た際にビジネスパーソンとして必要となる社会人基礎力[1]が向上することも期待されます。ですので、大学生活では失敗を恐れずに様々なことにチャレンジすることを強くお勧めしたいと思います。

7-2　あなたのソーシャルスキルはどれくらい？

　さて、ソーシャルスキルを高めていくにあたっては、今の時点で皆さんがどの程度のスキルを有しているかを知っておくことも大切です。ここでは、皆さんがどの程度ソーシャルスキルを有しているかについてチェックしてみましょう。**図表7-1**は皆さんがどの程度ソーシャルスキルを持っているかを評価することができるチェックリストです。答え終わったら、「いつもそうでない」を1点、「たいていそうでない」を2点、「どちらともいえない」を3点、「たいていそうだ」を4点、「いつもそうだ」を5点として、全18項目での合計得点を算出してみましょう。

　このチェックリストでの合計得点が高いほど、ソーシャルスキルが高いことを意味しています。一方、合計得点が低いほどソーシャルスキルが低い、不足していることになります。大学生を対象にこのチェックリストに答えてもらった研究の結果、男性では平均56.4点、女性では平均58.4点だったという報告があります。したがって、これらの平均点数よりも高い得点だった方は、平均的な大学生よりも高いソーシャルスキルを身につけているということになります。これまでに様々な人間関係において、スキルを活用するこ

図表7-1 | ソーシャルスキルを測定するチェックリスト
（KiSS-18；菊池、1988）

以下の文章を読んで、 自分にどれだけ当てはまるか答えてください	いつもそうでない	たいていそうでない	どちらともいえない	たいていそうだ	いつもそうだ
①他人と話していて、あまり会話が途切れないほうですか	1	2	3	4	5
②他人にやってもらいたいことを、うまく指示することができますか	1	2	3	4	5
③他人を助けることを、上手にやれますか	1	2	3	4	5
④相手が怒っているときに、うまくなだめることができますか	1	2	3	4	5
⑤知らない人でも、すぐに会話が始められますか	1	2	3	4	5
⑥まわりの人たちとの間でトラブルが起きても、それを上手に処理できますか	1	2	3	4	5
⑦こわさや恐ろしさを感じたときに、それをうまく処理できますか	1	2	3	4	5
⑧気まずいことがあった相手と、上手に和解できますか	1	2	3	4	5
⑨仕事をするときに、何をどうやったらよいか決められますか	1	2	3	4	5
⑩他人が話しているところに、気軽に参加できますか	1	2	3	4	5
⑪相手から非難されたときにも、それをうまく片付けることができますか	1	2	3	4	5
⑫仕事の上で、どこに問題があるのかすぐにみつけることができますか	1	2	3	4	5
⑬自分の感情や気持ちを、素直に表現できますか	1	2	3	4	5
⑭あちこちから矛盾した話が伝わってきても、うまく処理できますか	1	2	3	4	5
⑮初対面の人に、自己紹介が上手にできますか	1	2	3	4	5
⑯何か失敗したときに、すぐに謝ることができますか	1	2	3	4	5
⑰まわりの人たちが自分とは違った考えをもっていても、うまくやっていけますか	1	2	3	4	5
⑱仕事の目標を立てるのに、あまり困難を感じないほうですか	1	2	3	4	5

出所：菊池・堀毛［1994］p.179 より筆者修正のうえ作成。

とを通じてソーシャルスキルを獲得ないしは向上させてきたことが窺われます。平均点数よりも低い得点だった方は、平均的な大学生よりもソーシャルスキルが不足している可能性があります。

　しかし、決して悲観することはありません。今回の結果はあくまで現時点のものです。先にも述べた通り、日々の生活の中で意識してスキルを活用する機会や場面を増やしていくことを通じて、ソーシャルスキルを高めていくことは可能です。現時点で得点が高かった方も、低かった方も、1年後、2年後、卒業時点、社会人となって数年後、折を見てこのチェックリストにもう一度目を通してみてはいかがでしょうか。人間関係力の向上という形で、成長の証を確認することができるかもしれません。

　さて、皆さんにはチェックリストを用いて自分自身のソーシャルスキルを評価してもらいました。このように自分で自分のソーシャルスキルの程度を評価することを自己評定法と呼んでいます。ほかにもソーシャルスキルを評価する代表的な方法として、自分以外の人からソーシャルスキルの程度を評価してもらう方法も存在します。このような方法を他者評定法と呼んでいます。例として、コミュニケーションに関する知識を有する専門家による面接を通じてソーシャルスキルを評価してもらう方法があげられます。面接のみならず、実際の対人場面での行動を観察してもらったうえで評価を行う行動観察法と呼ばれる方法も存在します。また、必ずしも評価する人が専門家ばかりとは限りません。身近な友人や家族、同僚によってチェックリストの項目に沿って、スキルの評価を行ってもらうこともあります。

　なぜ、ソーシャルスキルを評価する際に、このように他者からの評価を参照する必要があるのでしょうか。それは、ソーシャルスキルに関する自己評価が必ずしも正確ではない場合が存在するからです。その人が有している性格特性や心理的要因によって、ソーシャルスキルに関する自己評価は実際よりも高くなったり低くなったりすることが知られています。そのため、ソーシャルスキルの評価には自己評価と他者評価の両者の結果を合わせて、総合的に判断することが望ましいと考えられています。皆さんも機会があれば、

図表7-1のチェックリストについて身近な友人や家族からあなたの傾向を評価してもらい、その結果を自己評価の結果と比較してみてはいかがでしょうか。評価してくれた方との間で意見を交わしてみることを通じて、ソーシャルスキルの高さだけに留まらず、皆さんの自己理解が進むことが期待されます。

7-3　ソーシャルスキルの種類

　図表7-1のチェックリストを眺めていくことで、具体的なソーシャルスキルのイメージが深まってきたのではないでしょうか。しかし、円滑な人間関係を送っていく上で、わずか18項目で説明がつくほどソーシャルスキルという概念は狭いものではありません。ソーシャルスキルと呼ばれる人間関係における行動やものの考え方、捉え方には具体的にどのようなものがあるのでしょうか。**図表7-2**は10種類の代表的なソーシャルスキルを整理したものです。10種類のスキルを見てもわかる通り、各スキルの中にも細かい具体的なスキルが複数含まれています。先程登場した「断る」というスキルは、③攻撃に代わるスキルの中の「和解する」や「自己主張する」に相当するものです。

　図表7-2には含まれていませんが、近年ではインターネット上での人間関係も実際の人間関係に勝るとも劣らないくらい、実生活の中では重要となってきています。たとえば、大学生には「現実生活で足りない人間関係をネットコミュニケーションで補うスキル」、「ネガティブな内容を含むコミュニケーションはネット上ではなく対面で行うスキル」、「スマホやケータイに使われるのではなく、それらを自分からコントロールしようとするスキル」がインターネット上での人間関係を円滑にするためのソーシャルスキルとして提案されています。昨今では、大学生のSNS（ソーシャル・ネットワーキング・サービス）上での悪ふざけ写真や動画のアップが炎上することも時折

図表7-2 | 様々なソーシャルスキル

	具体的なスキル
①基本となるスキル	聞く、会話を始める、会話を続ける、質問する、自己紹介をする、お礼をいう、敬意を表わす、あやまる、納得させる、終わりのサインを送る
②感情処理のスキル	自分の感情を知る、感情の表現をコントロールする、他人の感情を理解する、他人の怒りに対応する、他人の悲しみに対応する、愛情と好意を表現する、喜びを表現する、思いやりの心をもつ、おちこみ・意欲の喪失に耐える、恐れや不安に対処する
③攻撃に代わるスキル	分け合う、グチをこぼす、ユーモアにする、動機づけを保つ、和解する、他人とのトラブルを避ける、自己主張する、自己統制する、いじめを処理する、許可を求める
④ストレスを処理するスキル	ストレスに気づく、不平を言う、苦情などを処理する、失敗を処理する、無視されたことを処理する、危機を処理する、気分転換する、自分の価値を高める、矛盾した情報を処理する、集団圧力に対応する
⑤計画のスキル	何をするか決める、問題がどこにあるか決める、目標を設定する、自分の能力を知る、情報を集める、情報をまとめる、問題を重要な順に並べる、決定を下す、仕事に着手する、計画を立てる
⑥援助のスキル	相手の変化に気づく、相手の要求を知る、相手の立場に立つ、周りを見る、同じ気持ちになる、援助の失敗に対処する、自分のできることを知る、気軽にやってみる、相手によろこんでもらう、自分の立場を知る
⑦異性とつきあうスキル	デートの相手の選び方を知る、自分の情熱を相手に伝える、相手の気持ちを理解する、デートを上手にこなす、相手との親しさを増す、愛における決断を下す、ケンカを上手にこなす、恋愛関係を持続させる、悪化のサインを読み取る、恋愛行動の男女差を知る
⑧年上・年下とつきあうスキル	話を合わせる、相手を立てる、上手にほめる、相手を気づかう、相手の都合に合わせる、相手のレベルに合わせる、だらだら話につきあう、バカにされてもつきあう、軽々しく「わかった」といわない、上手に叱る
⑨集団行動のスキル	参加する、集団の意義を見いだす、仕事に集中する、誰に何を知らせるかを判断する、規範に従わせる、指示に従う、決定する、会議をする、グループシンク（大きな過ちにつながる集団意思決定）を避ける、グループ内の葛藤を処理する
⑩異文化接触のスキル	キー・パーソンを見つける、自分や相手の行動を一歩引いた視点から考える、「同じ」と「違う」を同時に受け入れる、異文化を取り込む、文化的拘束に気づく、意向を伝える・意向がわかる、判断を保留し先にすすむ、相手文化での役割行動をとる、自分の持ち味を広げる、関係を調整する

出所：菊池・堀毛［1994］p.16より筆者修正のうえ作成。

話題になっています。自分の身を守るという観点から、「炎上につながるような写真や動画のアップを行わない」といったスキルについても、インターネット上でのソーシャルスキルとして身につけておくことが望ましいかもしれません。今後も、様々な通信技術の発展とともに、新たなコミュニケーションツールを通した人間関係が発生することが予測されます。このように、時代の変化に応じて、その時々で必要とされるスキルが新たに生まれてくる側面があることも、ソーシャルスキルを理解するうえでは重要なポイントの1つと考えられます。

　これだけたくさんのスキルを一度に目にすると、「こんなに身につけられるわけない。無理！」といいたくなる人も出てくるかもしれません。確かに、1からこれらすべてのスキルを高めていこうとすると大変でしょう。しかし、よく見ると、すでに日々の生活の中で皆さんが活用しているスキルもあるのではないでしょうか。私たちは自分に身についていないこと、うまくこなせていないことといったネガティブな自分についつい意識が向きがちです。しかしながら、実際にはそれなりにうまく対応できている、こなせている人間関係もたくさん持っているはずです。うまくいっていない側面よりも、それなりにでもこなせている点に目を向けるような姿勢を持つことが、ソーシャルスキルを高めていく際には必要だと考えられています。皆さんはいかがでしょうか。

7-4　ソーシャルスキルをどのように高めていくか？

　さて、ソーシャルスキルを高めていくための心構えについて触れたところで、ここからは実際にソーシャルスキルを高めていくための手続きについて紹介していきたいと思います。**図表7-3**はソーシャルスキルの身につけ方を4つのプロセスで説明するものです。

　まずは、どのようなスキルが存在するか、身につけたいスキルについて知

図表7-3｜ソーシャルスキルの身につけ方

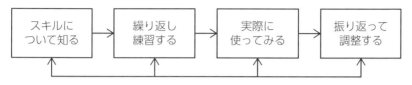

出所：相川・田中［2015］図1より筆者修正のうえ作成。

ることが必要だと考えられています。**図表7-2**では代表的なソーシャルスキルを取り上げましたが、このほかにも特定の人間関係（例；上司と部下、親子間、友人間等）において必要となるソーシャルスキルが存在します。スキルを学ぶには本を読むこと、インターネットで調べるといった方法のほかにも、他の人から教えてもらうといった方法もあげられます。

　また、他の人の人間関係における上手なふるまいを見て学ぶという方法もあります。これは**モデリング（観察学習）**と呼ばれています。自分が「こうなりたい」と思う理想の人を真似して取り入れていくこともソーシャルスキルを学んでいく上では重要な方法の1つです。身近で上手な人間関係を営んでいる人がいいお手本になることでしょう。

　スキルを学んだ後には、学んだスキルを繰り返し練習する第二のプロセスに入ります。ここでは、まだ、実際の人間関係において学んだスキルを活用するわけではありません。その事前準備としての練習期間ということになります。具体的には、実際に身につけたい振る舞いを何度も練習します。自分で動画を撮影して後で見直してみたり、身近な家族や友人に練習の様子を見てもらったりすることでより良い振る舞いになるよう、繰り返し練習を行います。身につけたい考え方や捉え方についても、これらを何度も言葉にしたりイメージアップしたりすることを通じて、自分にとってそのような考え方や捉え方が自然なものとなるようにしていきます。不慣れなことですので、最初のうちは上達を感じられずバカらしくなってしまってやめたくこともあるかもしれません。しかし、個人差はありますが、繰り返し練習をすること

で必ずスキルは向上していきます。継続が鍵となります。また、最初からうまくはいかないので、「こうなりたい」という達成目標を細かく設定しておくことが役立つかもしれません。このような考え方は**スモールステップの原理**と呼ばれています。ソーシャルスキルの獲得に限らず、様々な目標設定を行う場面で役立つ考え方の１つです。

　この第二のプロセスを経たうえで、練習したスキルを人間関係において実際に使ってみるという第三のプロセスに進みます。最初は緊張するかもしれませんが、意識的にスキルの実践に積極的に取り組むことが望まれます。皆さんが感じる緊張や不安は、思ったほど相手には伝わっていないことの方が多いですので、安心してください。「ちょっと自信過剰かな」くらいの心持ちでもちょうどいいかもしれません。最初のハードルを一歩乗り越えて、練習通りに振る舞うことができたと感じられればしめたものです。スキルは定着化していきます。

　最後のプロセスでは、実際に取り組んでみたスキルの活用場面を振り返って調整することになります。ここでのポイントは、先にも述べた通り、スキルの実践の際にうまくできなかったことばかりに目を向けるのではなく、わずかではあってもできたことに目を向けようとする姿勢を持つことです。ついついうまくできなかったことばかりに目を向けがちですが、その結果、自信を失ってしまいその後のスキルの調整や継続的な練習に至らなくなってしまうことがしばしば生じてしまいます。そのため、ここでは周りの人からの評価を参照することが大切になってきます。自分ではうまくできなかったと思っていても、周りの人から見れば皆さんが思っているよりもうまくやれているように感じられることが少なからず生じます。これがソーシャルスキルの評価における自己評価と他者評価の差異の例です。周りの人からのポジティブなフィードバックが得られれば、その後の取組みが継続していくことでしょう。したがって、練習の成果を振り返る際には、自己評価と他者からの評価を組み合わせて総合的な評価を行うことが欠かせません。

　以上のような振り返りを経て、必要に応じ、それぞれのステップに一旦立

ち戻って、**図表7-3**の流れに沿って継続的にスキルの向上を目指していくことになります。

　本章では、人間関係をソーシャルスキルという概念から捉えなおし、その評価の方法や具体的なスキルの種類、スキル向上のための方法について紹介してきました。個人差はありますが、皆さんの人間関係力はソーシャルスキルを高める、身につけるという形で向上させていくことが可能です。千里の道も一歩から。皆さんのより良い学生生活、人生を送るために、本章の内容が1つのきっかけになればと願ってやみません。

注
(1) 社会人基礎力とは、「職場や地域社会で多様な人々と仕事をしていくために必要な基礎的な力」として、経済産業省が2006年に提唱したもので、前へ踏み出す力、考えぬく力、チームで働く力の3つの能力および12の能力要素から定義づけられています。

参考文献
- 相川充［2009］『新版　人づきあいの技術－ソーシャルスキルの心理学』サイエンス社。
- 相川充・田中健吾［2015］『上司と部下のためのソーシャルスキル』サイエンス社。
- 菊池章夫・堀家一也編著［1994］『社会的スキルの心理学　100のリストとその理論』川島書店。
- 橋本剛［2008］『大学生のためのソーシャルスキル』サイエンス社。

学習の後に読むべき本
- 島宗理［2014］『使える行動分析学－じぶん実験のすすめ』ちくま新書。
- 島宗理［2015］『部下を育てる！強いチームを作る！リーダーのための行動分析学入門』日本実業出版社。

第3部

企業を知る

SUMMARY

第1部と第2部では、消費者や組織で働く人1人ひとりを見つめる経営学の各分野について取り上げてきました。第3部では、経営学の一番の研究対象である「企業」そのものを扱います。

そもそも「企業」とは何なのか、「企業」という仕組みが我々にとってどんな意味をもつのか（第8章「企業論」）、その「企業」という仕組みを活用して目的を達成し、成果を上げるにはどうすればよいのか（第9章「経営戦略」）、「企業」に関わる歴史を通してどのような経営現象が見えるのか（第10章「経営史」）。

以上のような内容をよく読んで、経営学部で学ぶ上で必要な「企業」についてのイメージをあらかじめつかんでおきましょう。

第 **8** 章

企業論
企業・会社制度からビジネスを考える

SUMMARY

企業は、経済活動のエンジンであり、雇用の場を提供し、新たな価値を創出する、現代社会における最も重要で基本的な存在といえます。しかしながら、その機能、制度および本質が十分に理解されているとはいえません。本章では、企業論[1]の主要テーマでもある各企業形態の諸特徴と株式会社制度のほか、既存の大企業が陥るジレンマとイノベーションの可能性などについて説明します。

8-1 企業という存在

　企業は、現代の生活に必要不可欠な存在です。企業は商品やサービスを販売し、労働者は企業で働いて得た所得で、商品やサービスを購入します。企業は、消費者に商品やサービスを購入してもらうことで、初めて売上となり、利益に結びつきます。商品やサービスを購入してもらえない企業は、やがて市場から撤退することとなります。

　それゆえ企業が存続するためには、**図表 8 - 1** のように、第一に、ヒト・モノ・カネ・情報といった**経営諸資源（Management Resources）** を市場から購入し、これらを用いて商品やサービスを生産し、生産された商品やサービスに価格を付けて、市場に向けて販売し、利益を得る必要があります。第二に、生産をより効率的に行い、コストを削減することで利益の維持・拡大を図り、そして、購入したいと思ってもらえる魅力的で付加価値の高い商品やサービスを提供すること、さらに、そうした商品やサービスであることを広告・宣伝することなどが必要となります。

　この時、経営諸資源の購入から商品やサービスの販売まで、すべての取引

図表 8 - 1｜企業の概要

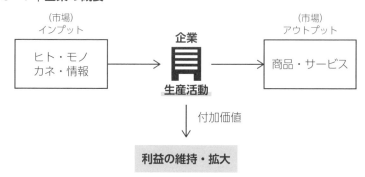

出所：筆者作成。

はカネ（貨幣）を媒介として取引されます。もし買い手に支払能力がなければ、商品やサービスは購入できません。つまり、企業の生産活動は、利益獲得の期待がある場合にのみ成立します。たとえ目の前に空腹を抱えた子供がいても、その子に支払能力がなければ利益を得られないため、食品を販売できないのが、企業の現実です。

また、そもそも商品やサービスを生産するには、元手となる**資本**がまずもって必要不可欠です。さらに、生産効率を上げるために機械を導入するためにも、付加価値を高めるために研究開発を行うためにも、より多くの資本が必要となります。グッチやシャネルのようにブランドを確立することで高付加価値商品を提供するまでには、企画・デザイン・品質管理のほか、高価な原材料、高級なイメージ広告の製作など、長期にわたって多額のコストを掛ける必要があり、それを支える資本が必要となります。

より多くの資本があれば、より多くの**経営諸資源**を得ることができ、より多くの経営諸資源を有効に活用して、より付加価値の高い商品やサービスを提供できれば、より多くの利益が得られて、企業規模をさらに拡大することができ、これにより、さらにより多くの経営諸資源を獲得できる、はずです。このため、同じ商品やサービスを提供している企業同士であれば、資本の多い方が競争において有利になると考えられます。そのため多くの企業は、最も容易に資本規模を拡大することができる株式会社形態を採用しています。

8-2　企業の諸形態

企業の経済的形態の基本は、**個人企業**、**合名会社**、**合資会社**、**株式会社**の４つであり、各形態は歴史的に自然発生的に生まれ、やがて出資者構成、出資と経営のあり方などが、制度として整えられていきました。

日本における企業の法的形態は、**図表８－２**のように分類されます。まず**私企業**と**公企業**に大別され、私企業は個人企業と共同企業に分類され、さら

図表 8-2 | 企業の分類

私企業	個人企業		
	共同企業	法人企業	(1)
		非法人企業	匿名組合、有限責任事業組合（LLP）など
公企業	(2)		

(1) の中身

営利法人（会社）	合名会社
	合資会社
	株式会社
	合同会社
	相互会社
中間法人	協同組合
	共済組合
	信用金庫など
公益法人	公益社団法人
	公益財団法人
	宗教法人、学校法人、社会福祉法人、医療法人など
	特定非営利活動法人（NPO法人）

(2) の中身

行政官庁	中央政府	地方自治体
官庁人事	現業（国有林野事業など）	上下水道／地下鉄／バス／ガスなど
公共法人	独立行政法人（造幣局など）	第3セクター
会社公企業	特殊法人（NHK、NTT、JRなど）	

出所：筆者作成。

にそれぞれに多様な形態が存在します。日本では、2006年に会社法が改正され、会社は、**合名会社**、**合資会社**、**合同会社**、**株式会社**の4種類となりました。会社法改正以前に認められていた有限会社は廃止され、新規に設立できなくなりましたが、合同会社が新たな形態として導入されました。このように企業の法的形態は、国や時代による制度や法律の違いによって多様な形態が存在します。

1 │ 個人企業

　個人企業は、単独個人が出資し経営する形態です。従業員を雇用することもできますが、個人が事業を行う点で、個人事業主と呼ばれ、法人格を有しないことから会社とは呼ばれません。また、もし負債が生じた場合、「第三者たる債権者に対する**債務弁済責任（Liability）**」が**直接無限責任**、つまり個人財産（直接）をもって、完済（無限）するまで弁済する責任があることから、個人財産を超える資本規模の拡大は困難となります。そのため、そもそも多くの資本を必要としない小規模市場や趣味的小需要などに適合的な形態といえます。また、事業の成否が個人の能力（知識・経験・スキル・寿命など）に依存することから、事業主の個性が企業の個性として現れるほか、その多くが利潤追求を目的とする「企業」というより、「生業・家業」という方がイメージしやすいでしょう。

　しかし、事業の開始手続や設立コストも少なく、思いついたアイデアを即実行できるため、景気や需要の変動に対し機動的・弾力的・柔軟な事業運営が可能というメリットがあります。しかも、事業で得た利益がそのまま個人所得となるため、利潤刺激が直接的で非常に大きく、企業家としての努力心が沸きやすいことから、**企業家精神（Entrepreneurship）**を最も発揮しやすく、新しいニーズや価値を創造する**イノベーション（Innovation）**の担い手である企業家（Entrepreneur）やベンチャービジネスのスタートにも適した形態ともいえます。

2 │ 法人企業

　一般に、企業が存在するのは、そこに利益獲得の期待があるからであり、そうした期待が高ければ必ず他の企業が参入し、競争が生まれます。他企業との競争では、より多くの経営諸資源を有する企業が有利となることから、他企業との競争に生き残るために資本金を拡大する必要が生じます。個人企

業では、個人財産を超える資本規模の拡大が困難であるため、出資者を募るか、他社とのM&A（Mergers & Acquisitions：**合併・買収**）を模索することとなり、ここに企業形態が変わる「形態転化」の1つの契機が存在します[2]。

　個人企業に対し、合名会社・合資会社・株式会社には、複数人の出資者が存在します。複数人から出資された資金が結合して、1つの資本（結合資本）を構成する**会社**となり、**商号**（会社の名前）が与えられます。個人企業では契約や取引を個人名義で行っていましたが、出資者が複数人いれば、商号をもって取引できる方が便利というわけです。さらに、個人企業の場合は、事業利得に所得税が課税されますが、法人格を有する会社は法人税が課税されます。所得税は累進課税であるのに対し、法人税は会社の規模によって税率が一定であることから、法人格を有する方が税法上有利になるケースが存在します。このため多くの企業が、その事業目的や規模、業種、従業員数にかかわらず、特に株式会社として登記する「法人成り」と呼ばれる現象も存在します。

3 ｜ 合名会社

　法人企業のうち合名会社は、個人企業同士が直接的・人的に結びついた、パートナーとの共同事業という形態的特徴があります。出資は金銭以外の労務、技術、信用などでもかまいません。各出資者は、出資の多寡にかかわらず、出資者としての地位に違いはないため、メンバー全員が同じ権利と義務を負うOwner = Managerということになります。そのため、出資に伴う責任は、全メンバーが**（直接）連帯無限責任**を担うこととなります。また、全メンバーがOwner = Managerですから、出資者全員による合議に基づく合意形成によって、会社としての**統一的意思決定（Decision Making）**を形成しなければなりません。

　合名会社における資本規模の拡大は、形式上、出資者を増やすことで可能

となります。しかし、メンバーが増えれば、その分、合議体に参加する人数も増えることとなります。合議制は、人数が多いと意思決定に時間がかかり、結局、合意形成に至らないという状況も生まれます。このため、合意形成可能な範囲に出資者が制限され、それが資本規模拡大の限界となります。また、少人数であっても、迅速かつスムーズに合意形成するためには、相応の人間関係を前提としますので、見ず知らずの誰でも良いということにはなりません。しかも、「連帯無限責任」は、債務発生時に、会社と「連帯」して個人財産をもって完済する義務がありますので、相互の信頼関係がなければ出資に応じるとは考えられません。そのため、血縁関係や非常に親しい友人のような比較的少数のメンバーで設立され、運営されるのが一般的と考えられ、同族的企業や中小規模の企業に適合的な形態といえます。

　日本での合名会社数はそれほど多くありませんが、金銭以外の出資も認められていることから、専門的知識・技能を有するメンバー同士で共同事業を行うことができるため、アメリカでは多くの法律事務所や会計事務所などが**合名会社**（General Partnership）です。

　合名会社形態では、合意形成可能な範囲と連帯無限責任により資本規模の拡大が制限されます。これを突破するためには、〈出資はするが経営には参加しない出資者〉である**有限責任社員**（社員＝出資者）を募れば、資本規模の拡大が可能となります。ここに次なる「形態転化」をもたらす1つの契機が存在します。

4 ｜ 合資会社

　合資会社は、一方に、出資と経営を担い、会社債務に対して無限責任を負う社員（Owner ＝ Manager）と、他方で、出資はするが経営には参加しない代わりに、会社債務に対して出資額を限度とした「有限責任」にとどまる社員（Owner ≠ Manager）とで構成されます。会社の中核に（直接・連帯）無限責任社員が存在し、同時に、出資により利益配分に預かる有限責任

社員が存在するという、異なる権利と義務を負う2種類の社員で構成される点が、形態的特徴となります。こうして、合意形成可能な範囲の無限責任社員による統一的意思決定が維持されつつ、経営に参加しない有限責任社員の出資により資本規模を拡大することが可能となります。

しかしながら、合資会社の信用基盤は合名会社と同様、無限責任社員の個人財産、人的な信用であり、事業リスクの分担能力には限界があることから、これが資本規模拡大の限界となります。たとえば、無限責任社員の個人財産が1,000万円あるとして、事業資金として100万円出資し、有限責任社員から出資を募り資本規模を300万円、500万円、700万円と拡大したとします。300万円と700万円の資本運営による事業リスクを比較すれば、700万円での事業の方が債務1,000万円を超える可能性は高くなり、最終的に債務弁済は無限責任社員の個人財産に負うことから、事業も個人も破綻してしまうリスクが高まります。これを回避する意味からも一定以上の資本規模の拡大は困難となります。

なお、有限責任社員が出資を取り止めたいとする場合、出資金はすでに資本の一部として運営資金となっていることから、出資金を回収するためには会社を解散して会社財産を清算する以外にありません。また、社員資格を第三者に譲渡して出資金相当の現金を得るには、無限責任社員が第三者への譲渡に同意する必要がありますが、そもそも他の資金提供者を見付けることは困難です。つまり事実上、ひとたび出資すれば会社が存続する限り、社員であり続けることが前提となりますから、無限責任社員と有限責任社員との間に相応の信頼関係が無ければ成立し得ないわけです。このため合資会社は、合名会社よりは資本規模の拡大は可能ですが、基本的に同族的企業や中小規模の企業に適合的な形態といえます。

さらなる資本規模の拡大を図るためには、無限責任を除去し、「全社員の有限責任制」を確立するしかありません。しかしこの時、出資に伴う無限責任を負うことで経営を担っていた社員がいないということになります。誰が会社としての統一的意思決定を担うのか、さらに会社債務に対する最終的な

弁済責任は誰が担うのか、という問題を突破したのが、**株式会社**形態というわけです。

8-3 株式会社制度

1 株式発行の意義

　株式会社の株式会社たる所以は、株式を発行して社会的に散在する資金を集中し、容易に会社の大規模化を図ることができる点にあります。株式とは、資本金を均一に細分化した単位であり、これを表示した有価証券を**株券**といいます[3]。たとえば、資本金1,000万円として、一株50円×20万株、株券1枚を100株（単元株）とすれば、5,000円から出資できることとなり、これまで出資をためらっていた多様な潜在的出資者からも出資してもらえる可能性が高まります。会社は株式を発行し、これを引き受けた出資者が引受額を会社に払い込むことで資本金となり、株式の保有者は**社員＝株主**となります。株主は、この払い込み責任を果たすだけで良く、無限責任を負った出資者はどこにも存在しません。このため、株式会社において**全社員の有限責任制**が第一のポイントとなります。

　会社債務の弁済責任は、会社財産そのものに負わせることで、特定の出資者が担っていた無限責任を代替させます。債権者から見て、会社財産そのものを信用基盤であると見なすためには、まずもって債務弁済が可能な一定額以上の資本金が必要です。このため法的にも、債権者保護の観点から資本の充実・維持・不変という**資本の3原則**が要請されます[4]。また、資本金から形成される会社財産と社員の個人財産とを明確に区別し、会社財産の完全なる独立性を維持するために、会社法人を会社財産の所有者とします[5]。こうして、特定の出資者の個人財産によることなく、会社法人が所有する会社財産によって債務弁済責任を負うことが可能となります。

2 | 株式会社の機関設計

　ところが、会社法人はヒトではありませんので、実際に会社を経営することができませんし、これまで無限責任によって経営権を有していた社員も存在しません。経営の担い手は、自然人以外には考えられませんが、特定の出資者が経営することもできません。そこで第二のポイントである**会社機関**が登場します。基本的な会社機関の構成は、**株主総会**と**取締役会**の２つとなります[6]。

　株主総会は、株主によって構成され、会社の最高意思決定を担う機関です。資本規模が拡大すればするほど、多数の株主が存在することとなりますが、多数の株主の存在にもかかわらず、株主総会では、一株一票の多数決（**資本多数決**）によって**総意**が形成され、会社の統一的意思決定が維持されます。多種多様な株主が多数存在することを想定すれば、株主総会を頻繁に開催し、日常的な経営に関わる意思決定を行うことは困難であり、通常は年に一度の開催となります。そこで株主総会では、日常的・業務上の意思決定を担う取締役会メンバーの選任・解任によって、株主総会での意思決定に沿った経営を遂行させることとなります。

　株主総会で選出されたメンバーで構成される取締役会は、日常的・業務上の意思決定と、業務執行を担う経営者の選任・解任および監督する機能を担います。ちなみに、監査役会設置会社においては、取締役会メンバーから選出された**代表取締役**が、業務上の組織のトップである社長として業務執行を担います。委員会等設置会社の場合は、社外から経営者を招聘して代表執行役＝**最高経営責任者**（Chief Executive Officer：CEO）とすることも可能です。この代表とは、法人を人格的に代表する代表権を意味しており、たとえば会社が訴えられた際に、代表権を有する者が被告席に着くということになります。いずれにしろ、株主が経営する必要はなく、また経営者も株主である必要もありません。つまり、最も経営機能を有効に発揮できる者が経営を担えばよく、この点、他の形態と比して経営効率上の利点となるほか、**専**

門経営者**（被雇経営者（Hired Manager）、プロ経営者）が登場する要件でもあります。

3 | 株式の自由譲渡性を担う証券取引所

　なお、株式会社においても出資者が出資した資金を直接回収するには、会社を解散するしかありません。しかし、会社としては資本を長期固定化し、**ゴーイング・コンサーン（Going Concern）**として半永久的な事業の継続を目指します。出資者にとっては、投下した資金をいつでも回収することができれば出資しやすくなりますが、資本を長期固定化しておきたい会社にとって、会社の解散を意味する出資金そのものの回収に簡単に応じることはできません。両者の要求は相互に矛盾してしまいます。この矛盾を解決したのが、証券取引所を通じた**株式の自由譲渡性**という第三のポイントです。

　いかなるビジネスにも必ずリスクが伴います[7]。さらに不確実性も存在する以上、会社設立時には、創業者自身と創業者と信頼関係のある者、あるいはそのビジネスの将来的可能性に賭けようとする者が、出資を引き受けてくれると考えるのが一般的です。しかしやがて、高い収益性を示す企業に成長すれば、株主は配当金が期待できるようになり、多くの投資家が当該企業の株を入手したいと考えるようになります。この時、会社と最初の出資者および投資家を結びつけるのが、証券市場である**証券取引所**の役割の1つです。資本金や事業年数、安定的収益などの諸基準をクリアして、証券取引所での株の売買が認められた企業を**上場企業**と呼びます。上場企業であれば、会社設立時の出資者は、証券取引所を通じて株を投資家に売却すれば、いつでも出資金相当かそれ以上の現金を手にすることができるようになります。一般的に、一株50円で出資した出資者は、売却時には何十倍、何百倍もの価格で取引されることもあり、出資額と株の売却価格との差額から生じる**創業者利得**を手にすることができます[8]。当該企業の株を購入した投資家も、また別の投資家に株を売却することが可能です。このように証券取引所を通じた

株の流通によって、次から次へと投資家同士で株の売買が行われるようになりますが、会社から見れば、名義上の株主が替わっただけで、資本金に変化はありません。さらに、会社が資本規模を拡大したい場合は、証券取引所を通じてさらに株式を発行すれば、簡単に資金調達ができるようになります。

　株式会社であれば、統一的意思決定を維持しつつ最も容易に資本規模の拡大を図ることができます。株式会社制度によって企業は、飛躍的な資本規模の拡大が可能となり、大規模企業の競争優位性を持てることから、現代企業の代表的企業形態となったわけです。

8-4　大企業のジレンマ

　しかし、大企業がつねに優位とは限りません。大規模な事業展開をしている大規模企業は、利益額が大きく、従業員の賃金も高い傾向にあります。しかし、日本全体で雇用の7割は中小企業が担っており、収益率の高い中小企業も多数存在しますし、世界的にもトップシェア、トップレベルの技術を持つ中小企業も多数存在しています。北海道でも、函館で従業員50名程度の「東和電機製作所」は、イカ釣り機で世界シェア70％を誇りますし、旭川で従業員500名程度の「日本メディカルプロダクツ」は、医療用不織布マスクで業界トップシェアです。

　確かに、歴史ある大企業には技術の蓄積、製造能力、販売・サービス網、ブランド力など多くのメリットがあります。また、そうした企業は優秀な人材を確保しやすく、盤石な経営基盤を有しているようにも見えますが、既存の大企業が成長分野で競争優位性を失っていく事例も存在します。この点を指摘したのが**イノベーションのジレンマ**です（Christensen［1997］（玉田監修［2011］））。たとえば、かつての携帯電話市場（いわゆる"ガラケー"）では、国内ではNEC、東芝、パナソニック、富士通などが圧倒的な優位性を保持していました。各企業は競争感覚を研ぎ澄まし、顧客の意見に耳を傾け

て、新機能の追加や新技術の開発に積極的な投資をしていました。いかなる会社でも、日々カイゼンを繰り返し、より良い製品やサービスの充実に努め、持続的・漸進的なイノベーションを追求していきます。しかし、ある時点から顧客が要求する技術レベルを超えてしまうことがあります。

　ガラケー・メーカー同士がしのぎを削る中、携帯電話の新たなカテゴリーとして Apple 社の iPhone（いわゆる"スマホ"）が登場します。当初はまだ、性能、使い勝手、価格等の面で多くの顧客の支持は得られませんが、スマホを手がける新興企業も持続的・漸進的イノベーションを繰り返し、やがて顧客の要求水準に到達します。この時点でスマホが**破壊的イノベーション**となり、一気に市場を創り替えてしまいます。つまりイノベーションは、新しいアイデアが社会に広く実用的に受け入れられて、初めてイノベーションと呼ばれるわけです[9]。ガラケー・メーカーや要求水準の高い顧客にすれば、当初のスマホは低機能なハンドヘルド・コンピュータに電話機能を追加した"オモチャ"程度にしか見えませんでした。既存企業にとって、利益率の高い投資には積極的であっても、利益率の低いオモチャに人材も資金も投資できません。既存企業の経営が優れているからこそ、この「ジレンマ」に陥ってしまうのです。

　かつての新興企業であった Apple 社も、いまやスマホ市場における既存の大企業となっています。顧客が不足と感じている部分を強化する持続的・漸進的イノベーションであれば、持続的競争優位性を維持できるかもしれません。しかしたとえば、iPhone に 8K 解像度のカメラを搭載したとしても、普通の L 版サイズの写真プリントは 300 万画素で十分であることから判断して、顧客が消化できる性能水準を遙かに超えた性能といえるでしょう。もし市場に、「破壊的イノベーション」の可能性を秘めた新興企業が存在しているならば、やがて次なる市場・業界のパラダイム転換で駆逐される側になるのかもしれません。もっとも、そうした可能性のある製品・サービスを展開している新興企業を買収することによって、こうしたジレンマに対応することも可能かもしれません。実際、Apple 社は、2010 年に Siri 社を買収するこ

とでAIアシスタントの実用化を果たしています。

　このように現実の企業活動は、変化と革新の連続です。企業論だけで企業・経営の本質を理解することは不可能です。おそらく読者の皆さんにとって関心のある、良い会社、将来性ある会社、企業価値の高い会社とは何かを知るためには、経営戦略や経営管理はもちろん、人的資源管理、コーポレート・ガバナンス、コーポレート・ファイナンス、マーケティングに加え、簿記、会計、対象によっては心理学をも応用しつつ、学際的な知識を駆使して、現実の現象を洞察する科学的・批判的思考力が必要不可欠でしょう。

注

(1) 企業は、公共目的を持って設立された「公企業」と利益の追求を目的とする「私企業」とに大別できますが、一般的に「企業論」は、私企業を対象とします。

(2) 個人事業主の引退や死亡に伴い、複数人の後継者が共同して事業を継承することも考えられ、そこには各国の家族制度や相続に関する慣習に由来する史的展開から「形態転化」を考えることもできます。日本では、襲名制度によって個人企業が何世代にもわたって引き継がれている事例もあります。同様に、「合名会社」において、パートナーの引退・事故等によって出資者の権利を継承した者が、年齢、地理的問題などの事情から経営に参加できない場合に「形態転化」が生じる可能性があります。

(3) 今日、株券は電子化され、証券として発行されることは滅多にありません。

(4) かつては、株式会社を設立する場合、最低資本金1,000万円以上と決められていましたが、2006年新会社法では廃止され、資本金1円でも設立可能となりました。

(5) 法人とは、自然人以外が権利・義務の主体となりうる法規定であり、会社の構成メンバーとは別に付与される人格と見なされます。将来的にロボット法などが制定され、ロボットがペットを飼うことも可能になるかもしれませんが、現時点では、モノを所有できるのは人格をもったヒトだけです。

(6) 会社機関の構成は国の制度や法律によって様々です。近年のグローバル化の進展や取締役に対する監督のあり方を中心としたコーポレート・ガバナンスの強化・充実の点から、日本では2014年に会社法の一部が改正され、監査役会設置会社、指名委員会等設置会社、監査等委員会設置会社という3パターンが存在します。

(7) ここでリスクとは、予測・計算可能な将来的可能性を意味します。他方、生起確率計算が不可能な場合は不確実性といいます。
(8) この創業者利得の取得を主な目的とした、スタートアップ企業やベンチャービジネスへの出資を専門とする投資会社（ベンチャーキャピタリスト：VC）やエンジェルと呼ばれる個人投資家が存在します。
(9) イノベーションは、「技術革新」だけを意味しません。中国語では「創新」と表記されますが、日本語として適切な訳語が見当たらないことから、単にカタカナで表記されるのが一般的です。

参考文献

- Christensen, C.M. [1997] *The Innovator's Dilemma：When New Technologies cause Great Firms to Fail*, Harvard Business Review Press.（玉田俊平太監修、伊豆原弓訳 [2011]『イノベーションのジレンマ（増補改訂版）』翔泳社）
- 植竹晃久 [2009]『現代企業経営論』税務経理協会。
- 牛丸元 [2015]『スタンダード企業論（改訂版）』同文舘出版。

学習の後に読むべき本

- 石嶋芳臣・岡田行正編著 [2018]『経営学の定点（増補改訂版）』同文舘出版。
- Mayer, C. [2013] *Firm Commitment: Why the corporation is failing us and how to restore trust in it*, Oxford University Press.（宮島英昭監訳、清水真人・河西卓弥訳 [2014]『ファーム・コミットメント：信頼できる株式会社をつくる』NTT出版）

第 **9** 章

経営戦略
企業の成長と競争優位を実現する

SUMMARY

本章では、経営戦略を学ぶ上で基本となる考え方について学びます。まずは1960年代から1970年代に展開された企業成長のための戦略研究を概観し、その後、ポジショニング・アプローチ(業界内における優れたポジションの獲得を重視)と資源ベース・アプローチ(企業内の経営資源や組織能力を重視)という戦略研究における2つの有力な見方を中心に検討します。最後に、この2つの見方をもとに、SWOT分析とクロス分析について概説します。

9-1　戦略とは何か

「**戦略 (Strategy)** とは何か」。これはとても難しい問いです。というのも、戦略それ自体に統一的見解などないからです。実際のところ、「戦略について書かれた本の数だけ戦略の定義が存在する」(Barney [2002] p.6（岡田訳 [2003] p.28））といっても過言ではありません。だからといって、ここですべての戦略に関する研究をレビューするのは現実的ではありません。そこで、まずは本稿の後半の議論で登場する**ポーター (Porter, M.E.) とバーニー (Barney, J.B.)** という2人の著名な戦略研究者の定義をもとに、戦略について考えることから始めましょう。

ポーターによれば、戦略とは**独自性と価値の高いポジションを創造すること** (Porter [1996] p.68（編集部訳 [2011] p.73））です。このポジションの創造には、競合企業との活動（Activity）の違いを伴うことから、戦略の本質は、「競合企業とは異なる活動を選択することである」といえます。競合企業と異なる活動を選択すれば、その企業独自の価値を提供可能なポジションを創造することができますが、重要なのは、このポジションを最初に手に入れることであるといえます。

しかしながら、時に、この戦略と**業務効果 (Operational Effectiveness)** が混同されて理解されていることがあります。戦略と業務効果は明らかに異なります。業務効果は、競合企業との競争に勝つ上で必要条件ではありますが十分条件ではありません。業務効果とは、「類似の活動を競合他社よりも優れて実行すること」です。ただし、業務効果を高める取り組みだけでは競合企業に模倣されやすいため、競合企業同士が、業務効果を高める取り組みを模倣し合えば、企業間における競争は勝者のないレースとなり、やがて消耗戦になるでしょう。それゆえ、企業が継続して高いパフォーマンスをあげるためには、戦略と業務効果を明確に区別するとともに、その両立が必要不可欠であるといえます。

バーニーによれば、戦略とは**企業が考えた競争に成功するためのセオリーである**（Barney［2002］p.7（岡田訳［2003］p.29））と定義されています。このように戦略を定義することにより、成功するためのセオリーの選択と実行は、常に不完全な情報と知識に基づいていることが強調されています。換言すれば、企業の選択と実行のための意思決定は、その企業の理解や推量に基づいてなされ、これらが間違っている場合もあることを意味しています。したがって、戦略の成否は実行してから時間が経過しなければわからない場合が多く、事前に判断することはできません。だからこそ、戦略をセオリー（ある因果関係を記述した命題、理論）として表現することに妥当性があるのです。

　また、この定義にある競争に成功するとは、企業がこの競争に勝つセオリーを実行することにより、**競争優位**を獲得することを意味しています。ここで競争優位とは、「その企業の行動が業界や市場で価値を創出し、かつ同様の行動をとっている企業がほとんど存在しない場合に、その企業が置かれるポジション」（Barney［2002］p.9（岡田訳［2003］p.33））のことを指します。つまり、ある企業が持つ競争に関するセオリーがその業界や市場に適合していて、他の企業はほとんどまったくそのセオリーを知らないか、もしくはそのセオリーに基づいて完全に行動することができない場合、その企業は競争優位にあるといえます。

　以上のポーターとバーニーの戦略の定義は、今日の企業にとって極めて重要な問題である個別事業レベルの戦略である競争優位の観点から戦略を捉えています。ただし、以下に見るように、経営学における戦略の概念は当初からこうした競争優位の問題に着目していたわけではありませんでした。

　戦略が経営学の主要概念とみなされるようになるのは、1960年代に入ってからのことです。この先駆的研究として、経営史家である**チャンドラー（Chandler Jr., A.D.）**が1962年に著した『組織は戦略に従う』があります。チャンドラーは、この著作の中で戦略を「長期の基本目標を定めたうえで、その目標を実現するために行動を起こしたり、経営資源を配分したりす

ること」(Chandler [1962] p.13（有賀訳 [2004] p.17)）と定義しました。経営史家であるチャンドラーが自身の研究の中心に据えたのは、アメリカの大企業がどのように誕生・発展し、事業組織をいかに改変したのかという問題でした。このため、その後の研究において自身の戦略それ自体についての研究を深めようとすることはありませんでした。とはいえ、チャンドラーの戦略概念は、戦略研究の基本的な理解となり、その後の研究に大きなインパクトを与えたことに変わりはありません。

　この点では、チャンドラーの研究以後、本格的に戦略の概念を精緻化・体系化したのは、当時、ロッキード・エレクトロニクス社をはじめとした企業で実務を経験した後に、カーネギーメロン大学で教鞭をとっていた**アンゾフ (Ansoff, H.I.)** であるといえるでしょう。アンゾフはチャンドラーの戦略概念を受け継ぎ、意思決定論の立場から、より実践的かつ体系的に戦略論を展開しました。1965年にアンゾフが著した『企業戦略論』では、戦略を「意思決定のためのルール」と捉え、戦略について3つの特徴を示しています。

① 企業の事業活動についての広範な概念を提供する。
② 企業が新しい機会を探求するための個別的な指針を提供する。
③ 企業の選択の過程を最も魅力的な機会だけにしぼるような意思決定ルールによって企業の目標の役割を補足する。

　ここで、上記の戦略に関する意思決定を**戦略的意思決定**といいます。戦略的意思決定とは「主として企業の内部問題よりもむしろ外部問題に関係のあるもので、具体的にいえば、その企業が生産しようとする製品ミックスと、販売しようとする市場との選択に関するもの」(Ansoff [1965] p.5（広田訳 [1969] p.7)）であることから、戦略的意思決定の核心は、多角化の決定にあるといえます。

　以上、チャンドラーは戦略概念を最初に明示したものの、経営史家の立場からのアプローチであったため、より詳細な戦略概念の構築に関心を向ける

ことはありませんでした。この意味では、アンゾフこそが戦略論の体系化に大きな貢献をなした研究者であると見ることができます。こうしたアンゾフによる戦略の体系的研究は、当時のアメリカ企業の多角化の進展とともに、発展することになります。

9-2 企業成長の戦略

アンゾフが戦略の体系的研究に着手した当時、アメリカ企業は**事業の多角化**を積極的に進めることになります。この最も大きな要因は、1960年代当時のアメリカ企業を取り巻く環境の変化です。当時のアメリカ国内では、産業の成熟化による巨大企業間における競争が激しさを増していただけではなく、技術的イノベーションによる既存の製品や技術、設備の陳腐化が急速に進んだため、多くのアメリカ企業は企業成長の1つの手段として事業の多角化を進めます。こうした中で、アンゾフは企業の成長戦略の一手段として多角化を捉えたうえで、**成長ベクトル**の概念を提唱しています。

アンゾフによれば、成長ベクトルとは、「現在の製品―市場分野との関連において、企業がどんな方向に進んでいるのかを示すもの」(Ansoff [1965] p.109（広田訳 [1969] p.136））です。**図表9-1**にあるように、アンゾ

図表9-1 | 成長ベクトルの構成要素

市場＼製品	現在	新規
現在	①市場浸透	③製品開発
新規	②市場開拓	④多角化

出所：Ansoff [1965] p.109（広田訳 [1969] p.137）をもとに筆者作成。

フは、事業を製品と市場をもとに定義し、企業の製品・市場戦略を4つに分けて捉えています。

① 市場浸透：現在の市場ニーズに対して、現在の製品で対応することにより、現市場においてよりいっそう大きな市場占有率を確保しようとする。
② 市場開拓：現在の製品の新たな市場ニーズを探求するものであり、新たな市場を開拓しようとする。
③ 製品開発：現在の市場ニーズに対して、新たな製品を開発することによって対応しようとする。
④ 多 角 化：新たな製品で新たな市場ニーズに対応しようとするものであり、企業にとってまったく新しい方向性を示す。

　上記の4つのうち、多角化は製品・市場の両方において新規であるため、他の3つの選択肢（拡大化）に比べて、企業が大きく飛躍できる機会をもたらすものであるといえます[1]。なお、アンゾフは、こうした多角化について、（ⅰ）**水平型多角化**（既存市場と同じタイプの顧客を対象にマーケティング面でのシナジーの活用）、（ⅱ）**垂直型多角化**（生産工程の垂直的統合）、（ⅲ）**集中型多角化**（既存の市場や生産技術のいずれかまたは両方に関連性がある）、（ⅳ）**集成型多角化**（まったく関連性がない）のさらに4つにタイプ分けしています。

　このように、1960年代半ばまでの戦略論では、企業成長の手段としての多角化の問題が重要なテーマとして取り扱われました。その後の1960年代の後半から1970年代の戦略論では、多角化した諸事業をいかに管理するかという点がその中心的なものであったといえます。この問題について積極的に取り組み、戦略論の発展に大きな貢献をしたのが、ボストン・コンサルティング・グループ（以下、BCG）やマッキンゼー＆カンパニー（以下、M&C）といった、いわゆる経営コンサルティング・ファームのコンサルタン

トたちでした。この代表的なものに、BCG による **PPM（Product Portfolio Management）** があります。

1960 年代後半から 1970 年代初めにかけて、複数の事業を抱える大企業にとって、それぞれの事業に対していかに限られた資金を配分するのが大きな問題でした。どのような基準によって資金を配分するかは、企業の将来を決定づける最も重要な問題です。各事業に対する資金配分の誤りは、企業の長期的な発展を阻害しかねないからです。こうした当時の時代の要請に応えて、BCG が提唱したのが PPM です。

PPM は**市場成長率**と**相対的マーケット・シェア**といった 2 つの次元からなり、キャッシュ・フローの観点から最適な資金の配分を導き出すポートフォリオ・モデルです。市場成長率は各事業の潜在的な資金需要の指標となり、相対的マーケット・シェアは各事業の資金創出に関わる潜在的な能力を示しています。また、市場成長率は**製品ライフサイクル（Product Life Cycle）** を活用することで測定され、相対的マーケット・シェアは**経験曲線（Experience Curve）** により、最大競合企業と比較した際の累積生産量の多寡から測定されます。PPM を活用することにより、こうした 2 つの次元から各事業を分析し、それらの資金需要と資金創出力を把握することができます。以下、**図表 9 - 2** をもとに PPM の基本的なロジックを確認することにしましょう。

PPM の各セルは、**花形（Star）**、**問題児（Problem Child）**、**金のなる木（Cash Cow）**、**負け犬（Dog）** の 4 つからなっています。まず、花形は市場成長率が高く、相対的マーケット・シェアも高く優位な競争ポジションを占めているため、キャッシュ・フローの面はほぼ自己で維持することができます。次に、問題児は市場成長率こそ高いものの、相対的マーケット・シェアは低い状況にあります。したがって、資金需要は高いですが資金創出能力が低いため、いわゆる金食い虫のような存在であるといえます。金のなる木は相対的マーケット・シェアが高いことから優位なポジションを占めているため、花形同様に潤沢なキャッシュを創出することができます。ただし、花形

図表 9-2 | 企業内部の理想的な資金配分

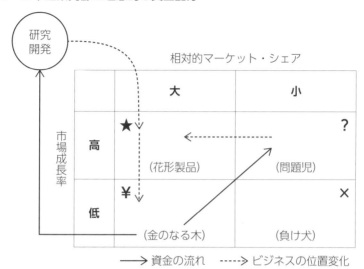

出所：水越［2003］p.139 をもとに筆者作成。

と異なるのは市場成長率が低いため、資金需要がそれほど高くはないという点です。このため、金のなる木で創出されたキャッシュは、他の製品・事業の投資需要（問題児や研究開発投資）に向けられます。最後に、負け犬は市場成長率および相対的マーケット・シェアともに低いものを指します。将来性が乏しいだけではなく、相対的マーケット・シェアが低く劣位なポジションにあるため、キャッシュを一方的に失うリスクを回避する必要性から整理対象になるケースが多いといえます。これらの点を考慮するならば、PPM における基本的な戦略ロジックは、金のなる木で得たキャッシュを問題児に配分し、将来の花形に育成することであるといえるでしょう。

　以上の PPM の考え方は、当時の多角化企業にとって多角化した事業をいかに管理するのかという問題を考えるにあたっては有用なものでした。しかしながら、1980 年代に入り、経済成長を続ける日本をはじめとしたアジア企業と欧米企業との激しい企業間競争が繰り広げられるようになると、多く

の企業経営者や経営学者の関心は、多角化した事業の管理から個々の事業レベルにおける競争優位を獲得するための戦略にシフトすることになりました。

9-3 　競争優位の戦略（ポジショニング・アプローチ）

　既述のように、1980年代に入ると、個別の事業レベルにおける戦略が多くの関心を集めました。こうした事業レベルにおける競争戦略を提唱したのが、ハーバード・ビジネス・スクールのポーターです。ポーターの代表的な戦略研究には、ファイブ・フォース分析、戦略グループ、3つの基本戦略、価値連鎖分析等があります。ポーターの研究は、業界の構造分析に注目するとともに、業界内における優れたポジションの獲得を重視することから、**ポジショニング・アプローチ（Positioning Approach）** といわれています。そこで、ここでは、ポーター研究の最も基本的な考え方である**ファイブ・フォース分析**と**3つの基本戦略**を取り上げてその内容について概観することにしましょう。

　ファイブ・フォース分析とは、業界分析の1つの枠組みであり、業界の構造的要因に注目する考え方です。競争戦略を策定する際、直接的な競合企業だけではなく、業界構造やその特性に目を向けることが重要です。ここでファイブ・フォースとは、①**新規参入の脅威**（Threat of New Entrants）、②**競争業者間の敵対関係**（Rivalry Among Existing Firms）、③**代替品・サービスの脅威**（Threat of Substitute Products or Services）、④**買い手の交渉力**（Bargaining Power of Buyers）、⑤**売り手の交渉力**（Bargaining Power of Suppliers）を指しています（**図表9-3**）。

①　新規参入の脅威

　新規参入が生じるかどうかは、主に**参入障壁**（技術やマーケティング、設備投資上の障壁等）により決まります。参入障壁が低く、新規参入が

図表9-3｜ファイブ・フォース分析

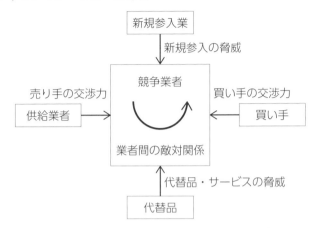

出所：Porter［1980］p.4（土岐他訳［1982］p.18）を一部修正し筆者作成。

容易な業界の収益性は低下傾向になります。

② **競争業者間の敵対関係**

　これは、いわゆる狭義の競争環境のことです。敵対関係がどの程度激しくなるかは、企業の数や規模、製品差別化の可能性等により変わります。企業の数が多い場合や製品差別化が難しい場合、敵対関係は激化する傾向にあります。

③ **代替品・サービスの脅威**

　代替品とは、現在の製品・サービスと同じ機能を有する製品・サービスのことです。費用対効果の高い代替品は、既存製品の収益性を低下させる傾向にあります。

④ **買い手の交渉力**

　買い手（顧客）の交渉力が強いと、売り手は価格の低下やコスト上昇により、収益性を高めることが難しくなります。

⑤ **売り手の交渉力**

　売り手（部品や原材料の供給業者）の交渉力が強いと、買い手は部品

や原材料価格の上昇により、収益性を高めることが難しくなります。

　上記のファイブ・フォース分析を通じて、業界の魅力度や業界の構造的特性を把握した後に企業がなすべきことは、競争優位を獲得可能な優れたポジションを確立することです。ポーターは、基本的な競争優位のタイプを低コスト（**コスト優位**）と差別化（**差別化優位**）の2つに分けて捉えました。これらの競争優位は、企業が5つの競争要因に対して競合企業よりもうまく対応できるかどうかによって生まれてくるものです。さらに、ポーターは競争優位を確立するための具体的な方法として、**3つの基本戦略（Three Generic Strategies）** を提示しました。3つの基本戦略とは、**コスト・リーダーシップ（Cost Leadership）**、**差別化（Differentiation）**、**集中（Focus）** です（**図表9-4**）。この基本戦略のそれぞれは、コスト優位と差別化優位の2つの競争優位のタイプと戦略ターゲットの幅を広くするか、狭くするかによって決定されます。

　まず、コスト・リーダーシップ戦略とは、業界内においてコスト面で最優

図表9-4　3つの基本戦略

戦略ターゲット		戦略の優位性	
		低コスト	差別化
	業界全体	コスト・リーダーシップ	差別化
	特定セグメント	コスト集中	差別化集中

出所：Porter［1980］p.39（土岐他訳［1982］p.61）を一部修正し筆者作成。

位に立つことを目的とする戦略です。低コストで製品・サービスを供給することができれば、多くの利益が獲得できるだけではなく、顧客からの値下げ要求に直面しても対応することができます。次に、差別化戦略とは、自社の製品やサービスを差別化して、業界内において特異だと見られる何かを創造しようとする戦略です。一般に、製品の機能やデザイン、品質、販売方法や販売チャネル、アフターサービスにより差別化します。差別化することができれば、同業他社よりも高い価格で販売できたり、顧客の**ブランド・ロイヤリティ**（ある特定のブランドに対する顧客の忠誠心）を喚起したりすることができます。最後に、集中戦略とは、特定の買い手グループや製品の種類、特定の市場等の狭いターゲットへ企業の経営資源を集中する戦略です。この戦略は、コスト優位を追求するか差別化優位を追求するかにより、コスト集中と差別化集中の2つに区別されます。

　以上のように、戦略を策定する際、業界構造を分析し、それをもとに当該企業にとって適切な戦略を採用することが極めて重要であるといえます。ここで注意すべきは、低コストと差別化を同時に追求しようとすると、**スタック・イン・ザ・ミドル**（中途半端な状況：Stuck in the Middle）に陥り、身動きが取れなくなってしまう場合があるということです。なぜなら、低コストと差別化の追求には、それぞれ異なる組織構造、管理システム、組織文化、新製品開発体制が求められるからです。このため、両方を同時に追求しようとすると中途半端な状況に陥ってしまうことがあります。したがって、企業は基本戦略の遂行に際して、原則的にはいずれか1つを選択し、それを一貫して追求しなければなりません。

9-4　競争優位の戦略（資源ベース・アプローチ）

　ポーターが競争優位の概念を明らかにした1980年代の半ば、ポーターの研究とは異なる新たなアプローチが形成されようとしていました。ポーター

が競争優位の源泉として業界における戦略的ポジショニングを重視するのに対して、この新たなアプローチを重視する研究者たちは、企業内部の経営資源（および組織能力）に注目して競争優位の源泉を捉えようとしました。一般に、このようなアプローチは、**資源ベース・アプローチ（Resource-based Approach）** といわれています。

　資源ベース・アプローチでは、企業ごとに異質で、複製に多額のコストがかかるリソース（経営資源）に着目します。そして、こうしたリソースをうまく活用することにより、企業は競争優位を獲得することができると考えます。このアプローチは、2つの基本的な仮定を土台としています。1つは、**ペンローズ（Penrose, E.T.）** が『企業成長の理論』[1959]の中で捉えた企業観によるものであり、「企業は生産資源の集合体であり、個別の企業ごとに生産資源は異なっている」という仮定です。これを**経営資源の異質性（Resource Heterogeneity）** といいます。もう1つは、**リカード（Ricardo, D.）** の『経済学及び課税の原理』[1817]の研究を継承するものであり、「経営資源の中にはその複製コストが大きいものやその供給が非弾力的なものがある」という仮定であり、これは**経営資源の固着性（Resource Immobility）** といわれています。

　さて、ここで資源ベース・アプローチの代表的な研究者であるバーニーの研究をもとに、経営資源とは何かを確認してみましょう。バーニーによれば、企業の経営資源とは、「すべての資産、ケイパビリティ（能力）、コンピタンス、組織内のプロセス、企業の特性、情報、ナレッジなど、企業のコントロール下にあって、企業の効率と効果を改善するような戦略を構想したり実行したりすることを可能にするもの」です。これらの経営資源は、以下の4つのカテゴリーに分けて捉えることができます。

① 財務資本：起業家自身の資金、銀行からの借り入れ、内部留保される資金、債権者からの金銭等。
② 物的資本：物理的技術、企業が所有する工場や設備、立地、原材料へ

のアクセス等。
③ 人的資本：人材育成訓練、マネジャーや従業員が保有する経験、判断、知性、人間関係、洞察力等。
④ 組織資本：報告ルートを反映した組織構造、公式または非公式の計画、管理、調整のシステム等。

　バーニーは、以上の資源ベース・アプローチの2つの仮定と経営資源の定義をもとに、競争優位の源泉となる経営資源を特定する**VRIO フレームワーク**と呼ばれるフレームワークを提唱しています。VRIOとは、**経済価値 (Value)**、**稀少性 (Rarity)**、**模倣困難性 (Inimitability)**、**組織 (Organization)** の英単語の頭文字をとったものであり、その経営資源が強みなのか弱みなのかを以下の4つの問いにより判断します。

①**経済価値（Value）に関する問い**
　「その企業が保有する経営資源やケイパビリティは、その企業が外部環境における脅威や機会に適応することを可能にするか」というのが、経済価値に関する問いです。その経営資源が強みであるためには、企業がそれらを活用することにより外部環境における機会をうまく捉えることができるか、脅威を無力化することができなければなりません。

②**稀少性（Rarity）に関する問い**
　「その経営資源を現在コントロールしているのは、ごく少数の競合企業だろうか」というのが、稀少性に関する問いです。もしも経済価値を有する経営資源を他の大多数の企業も保有していたとすれば、もはや競争優位の源泉にはならないでしょう。

③**模倣困難性（Inimitability）に関する問い**
　「その経営資源を保有していない企業は、その経営資源を獲得あるいは開

発する際にコスト上の不利に直面するだろうか」というのが、模倣困難性に関する問いです。すなわち、経済価値があり、稀少な経営資源は競争優位の源泉になりますが、それを有していない企業は競争優位を獲得するために模倣しようとするでしょう。企業が模倣しようとする際にコスト上の不利に直面する場合、そうした経営資源による競争優位は持続性を持ちうるといえます（**持続的競争優位の源泉**）。

④**組織（Organization）に関する問い**
　「企業が保有する、価値があり稀少で模倣コストの大きい経営資源を活用するために、組織的方針や手続きが整っているだろうか」という問いは、競争優位が経営資源を活かそうとする組織にも依存していることを示しています。

　上記の4つの問いにより、企業は**持続的競争優位の源泉**となる経営資源を判断することができます。

9-5　SWOT 分析（企業の外部環境分析と内部環境分析の統合）

　上記の通り、ポジショニング・アプローチと資源ベース・アプローチの2つのアプローチの説明プロセスは、180度異なることは簡単に理解できるでしょう。ただし、企業の戦略を考えるうえで、企業内外の分析を進める必要があることから、両アプローチは対立的関係ではなく、補完的関係にあるものとして捉えることができます。

　実は、本章の冒頭であえて名前を出すことはしませんでしたが、アンゾフと同じ時代に活躍した戦略論の研究者に、ハーバード大学の**アンドリュース（Andrews, K.R.）** がいます。彼は、1971年に著した『経営戦略論』において、今日の **SWOT分析** の源流にもなっている考え方を紹介しています。

SWOT分析とは、戦略を策定するにあたって、**外部環境の機会（Opportunity）**と**脅威（Threat）**、そして、企業の**内部環境における強み（Strength）**と**弱み（Weakness）**を正確に識別し、分析・評価する考え方です。各要因の具体的な評価方法は以下の通りです。

① 機会（Opportunity）：企業が競争力を増強させることのできる要因であり、製品やサービスの需要のもとになる傾向や変化、（現在または将来的に）好ましい状況のこと。
② 脅　　威　（Threat）：企業の競争力を低下させる可能性のある要因であり、製品やサービスの需要の低下をもたらす傾向や変化、（現在または将来的に）好ましくない状況のこと。
③ 強　　み（Strength）：競合企業に比べてより競争力のある要因であり、企業が明らかに優位性を持つもの、あるいは競合企業と比べて優れた経営資源等を指す。
④ 弱　　み（Weakness）：企業が目的を実現するのを阻む、限界、欠点、問題であり、競合企業と比べて明らかに低い能力や劣位にある経営資源等を指す。

まず、機会と脅威の分析においては、**PEST分析**と**ファイブ・フォース分析**が役に立つでしょう。ファイブ・フォース分析はすでに概観した通りですが、ファイブ・フォース分析が**ミクロ・レベル**（競争環境レベル）の環境要因に注目するのに対して、PEST分析は、**マクロ・レベル**（一般環境レベル）の環境要因に注目するフレームワークです。ここでPESTとは、**政治・法律的要因（Politics）**、**経済的要因（Economy）**、**社会的要因（Society）**、**技術的要因（Technology）**の英単語の頭文字をとったものですが、その内容は以下の通りです。

①　政治・法律的要因（Politics）：規制の緩和・強化、政治動向、税制、種々の業界に対する政府および一般市民の態度等。
②　経済的要因（Economy）：景気動向、為替、金利、経済成長率、物価、雇用、株価等。
③　社会的要因（Society）：人口動態、宗教、言語、教育水準、流行、価値観、治安、ライフスタイル等。
④　技術的要因（Technology）：技術革新、特許、R&D予算、大学の数、クラスターの存在、新技術の普及度等。

　マクロ・レベルの環境要因としてのPESTの各要因は、個別企業ではコントロールすることができない（または難しい）ため、戦略を策定するうえで所与の条件になります。当然ながら、こうしたPESTの各要因における変化は、ミクロ・レベルの環境要因であるファイブ・フォースにも影響を与えます。たとえば、規制が緩和されることで業界への参入障壁が低下し、企業間における競争が激化したり、技術革新により、まったく関連性のない業界において代替品・サービスが台頭したりするかもしれません。こうしたPESTの各要因における変化により、各業界の収益性や魅力度が変化するため、個別企業はこうした外部環境の変化に適応するための戦略を策定することが必要になります。
　次に、内部環境分析としての強みと弱みの分析では、資源ベース・アプローチの説明で取り上げたVRIOフレームワークが役に立ちます。たとえば、経済的価値がない経営資源は明らかに企業にとって弱みであり、そうした経営資源を戦略の策定・実行プロセスにおいて使用した場合、競争劣位に陥ることになります。また、経済的価値はあるものの、稀少性が低い経営資源の場合、競合企業も保有している可能性が高いため、競争均衡と標準レベルの経済的パフォーマンスしかあげられないでしょう（ただし、どちらかといえば、こうした経営資源は強みと認識されます）。さらに、経済的価値があり、

稀少性も高いけれど、模倣コストが低い経営資源の場合、強みとして認識できるものの、模倣されるリスクが高いため、一時的な競争優位の獲得にとどまることになるでしょう。最終的に、経済的価値があり、稀少性も高く、模倣コストが高い経営資源は、持続的競争優位の獲得に貢献し、企業の強みとして標準を上回る経済的パフォーマンスを継続的にあげることに貢献するといえます。

なお、SWOT分析では、4つの要因の把握とともに、これらの要因を掛け合わせたクロス分析を行うことにより、企業課題に対する解決策を考えることが重要です（**図表9-5**）。

① S（強み）× O（機会）⇒強みを活かし、機会を取り込む方法は何か？
② W（弱み）× O（機会）⇒弱みを克服し、機会を取り込む方法は何か？
③ S（強み）× T（脅威）⇒強みを活かし、脅威を回避する方法は何か？
④ W（弱み）× T（脅威）⇒弱みを克服し、脅威を回避する方法は何か？

図表9-5 | SWOT分析とクロス分析

		内部環境分析	
		S（強み） ・堅実な企業イメージ ・優れた商品開発力 ・………	W（弱み） ・国内市場への依存度が高い ・主力事業の成熟化 ・………
外部環境分析	O（機会） ・新興国における需要拡大 ・ライバル企業が少ない ・………	①	②
	T（脅威） ・国内市場の飽和 ・原材料価格の高騰 ・………	③	④

出所：今野［2012］p.110を筆者修正のうえ作成。

以上のように、SWOT分析をもとに、企業課題をしっかりと特定し、クロス分析によって具体的な解決策を提示することがSWOT分析の最終的な目的となります。ただし、SWOTの各要因について個別具体的にしっかりと議論しなければ、しばしば抽象的な議論に陥ってしまったり、各要因の変化の本質を捉えたりすることができず、SWOT分析を試みても有効な戦略を導出することができないことがあります。このように、SWOT分析はシンプルであるがゆえに、その使用において細心の注意を払うべきフレームワークである点を忘れないようにしましょう。

注

(1) 一般に、多角化の動機には、①既存事業の停滞、②リスク分散、③範囲の経済（複数種の財・サービスを手がける場合の費用が、個々の財・サービスを単独で手掛ける場合の費用の合計に比べて小さくなること）、④未利用資源の有効活用があります。詳細は、網倉・新宅［2011］を参照してください。

参考文献

- Andrews, K.R. [1971] *The Concept of Corporate Strategy*, Dow Jones-Irwin.（山田一郎訳［1976］『経営戦略論』産業能率短期大学出版部）
- Ansoff, H.I. [1965] *Corporate Strategy*, McGraw-Hill.（広田寿亮訳［1969］『企業戦略論』産業能率大学出版部）
- Barney, J.B. [2002] *Gaining and Sustaining Competitive Advantage, 2nd ed.*, Pearson Education.（岡田正大訳［2003］『企業戦略論―競争優位の構築と持続（上）―』ダイヤモンド社）
- Chandler, A.D., Jr [1962] *Strategy and Structure : Chapters in the History of the American Industrial Enterprise*, MIT Press.（有賀裕子訳［2004］『組織は戦略に従う』ダイヤモンド社）
- Fleisher, C.S. and B.E. Bensoussan [2002] *Strategic and Competitive Analysis : Method and Techniques for Analyzing Business Competition*, Pearson Education.（菅澤喜男監訳［2005］『戦略と競争分析―ビジネスの競争分析方法とテクニック―』コロナ社）
- Penrose, E.T. [1959] *The Theory of the Growth of the Firm 3rd ed.*, Oxford University Press.（日高千景訳［2010］『企業成長の理論』ダイヤモ

ンド社)
- Porter, M.E. [1980] *Competitive Strategy*, Free Press. (土岐坤・中辻萬治・小野寺武夫訳 [1982]『競争の戦略』ダイヤモンド社)
- Porter, M.E. [1985] *Competitive Advantage-Creating and Sustaining Superior Performance*, Free Press. (土岐坤・中辻萬治・小野寺武夫訳 [1985]『競争優位の戦略―いかに高業績を持続させるか―』ダイヤモンド社)
- Porter, M.E. [1996] What is Strategy?, *Harvard Business Review*, November-December. (編集部訳 [2011]「[新訳] 戦略の本質」『ダイヤモンド・ハーバード・ビジネス』June)
- Ricardo, D. [1817] *On The Principles of Political Economy, and Taxation, Second Edition*, John Murray. (羽鳥卓也・吉沢芳樹訳 [1987]『経済学及び課税の原理』岩波文庫)
- 網倉久永・新宅純二郎 [2011]『経営戦略入門』日本経済新聞出版社。
- 今野喜文 [2011]「業界を知る」友岡賛編『就活生のための企業分析』八千代出版。
- 水越豊 [2003]『BCG戦略コンセプト―競争優位の原理―』ダイヤモンド社。

学習の後に読むべき本

- Barney, J.B. [2002] *Gaining and Sustaining Competitive Advantage, 2nd ed.*, Pearson Education. (岡田正大訳 [2003]『企業戦略論―競争優位の構築と持続(上・中・下)―』ダイヤモンド社)
- Grant, R.M. [2007] *Contemporary Strategy Analysis, 6nd ed.*, Blackwell. (加瀬公夫訳 [2008]『グラント現代戦略分析』中央経済社)
- Hitt, M.A., R.D. Irland and R.E. Hoskisson [2014] *Strategic Management: Concepts and Cases: Competitiveness and Globalization, 11th*, Cengage Learning. (久原正治・横山寛美訳 [2014]『改訂新版 戦略経営論―競争力とグローバリゼーション―』同友館)
- Mintzberg, H., B. Ahlstrand and J. Lapmpel [1998] *Strategy Safari: A Guided Tour through The Wilds of Strategic Management*, The Free Press. (斎藤嘉則監訳 [1999]『戦略サファリ―戦略マネジメント・ガイドブック―』東洋経済新報社)

第 10 章

経営史
企業の歴史を知ることで今を知る

SUMMARY

本章では企業経営を深く理解する手段として「歴史をたどる」ことの重要性について説明します。企業を取り巻く事業環境や企業経営に関わる制度や慣行の多くは、現在の視点から見て合理的に設計されているというよりも、歴史の偶然や過去の関係者の恣意的な意思決定の積み重ねによって成立しています。「経路依存性」と呼ばれる歴史の持つそうした影響と、それを覆して新しい状況を作り出す「企業家」という 2 点に注目することで、企業経営を長期的視点から理解する意義について考えましょう。

10-1 企業の歴史を過去に遡って考える意義

　経営史では企業経営に関する歴史を学びます。経営学の多くの分野では、現在目の前で繰り広げられている競争や、将来の不確実性に対していかに対処すべきか研究しています。それでは、経営の過去を学ぶことにどのような意味があるのでしょうか。この節では経営学部の1〜2年生に向けて重要であろう以下の点を中心に説明したいと思います。

① 分析的な経営理論では知りえない企業の個性を知ることできる。
② 経営手法や制度や慣行を「機能」ではなく「起源」から理解できる。
③ 企業の持つ強みがどのように生まれたかを知ることができる。

1 ｜ 企業の個性を生い立ちから理解する

　総務省統計局の「平成26年度経済センサス–基礎調査」によると、わが国の企業数は409万8千社で、そのうち「会社企業」は約175万社、「個人経営」は約209万社、会社以外の法人（財団・社団法人、学校・宗教・医療法人、協同組合、信用金庫等）は約26万社あります。このように私たちの身の回りには無数の企業が存在しています。消費者としてそのサービスを享受するだけならば、これほど心強いことはありませんが、将来皆さんの多くはその中から一社を選んで就職しなければなりません。その時に企業をより深く理解する方法として、**企業の沿革**を知ることをお勧めします。

　たとえば、皆さんに親しみのある電機メーカーについて考えてみましょう。パナソニック、東芝、三菱電機、ソニー、シャープ、日立製作所、富士通、NECなどが知っているところでしょうか。私たちが消費者の立場に立つ場合は製品の違いで企業を評価しますが、日本の電機メーカーは長く同質化戦略をとってきたこともあり、作っている製品も似通っています。

そこで経営学では、各社が持っている経営資源とその経営資源から価値を引き出す**組織能力（ケイパビリティ）**に注目します。経営資源の多くはお金さえあれば市場で調達できますが、「組織能力」に関しては、企業が過去にどのような経験をしてきたか、課題を解決してきたかが関係します。企業が辿った歴史によって、どんな能力を獲得してきたかが異なるのです[1]。

たとえば、三菱電機や日立製作所は、明治期に創業の三菱造船や日立鉱山などで巨大な電気設備を取り扱う部門がもとになった企業です。そのため発電機やモーターなど大型の電気設備を得意とする「重電メーカー」に分類されます。パナソニックやシャープは、電気が普及し始めた大正から昭和にかけて便利な家電を開発し、全国各地の商店街に町の電気店を展開して販路を広げてきた「軽電メーカー」に分類されます。NECや富士通は欧米との合弁企業がもとになって電信電話の技術を日本に広めた企業です。通信技術から発展した電子工学を基礎とする企業は「弱電メーカー」と呼ばれます[2]。

経営理論を用いた分析では、ある企業が現在どのような資源や能力を持ち、それを活かしてどんな事業を展開しているかを解明してくれます。しかしながら、企業がなぜそうした能力を持っているのか、どのように能力を獲得したのかを知るためには、企業が創業時からどのような歴史をたどり、経験を積んできたのかを知る必要があるのです。

2 ｜ 制度や慣行の「起源」を理解する

企業の歴史を学ぶもう1つのメリットは、日本企業の事業環境を取り巻く制度や慣行の**起源**を理解できる点です。経営学では企業が実践する戦略、制度、慣行などについて、それが企業業績にいかに貢献しているか、すなわち**機能**をもとに説明するのが一般的です。しかしながらそれらの「起源」は必ずしもその「機能」を狙ったとはいえない場合も多いのです。

ここでは日本の自動車メーカーに特徴的な慣行の1つである下請部品メーカーとの**長期継続取引**を取り上げて考えてみましょう。欧米の自動車メー

カーにとって部品取引は、市場に存在する独立の部品メーカーから、その都度もっとも条件の良いものを選んで購入する、いわゆる「アームズレングス原則」[3] に則った取引か、あるいは市場にない特殊な部品の場合は自動車メーカーが自社生産（内製）するかのどちらかでした。

　一方で、日本の自動車メーカーは、信頼のおけるいくつかの部品メーカーと継続的取引を繰り返す慣行を持っています。それによって、両社はお互いの得意な技術や、場合によっては取引相手の原価構造まで把握していることもあります。おまけに自動車メーカーが新車を開発する時には、部品メーカーがその開発過程に参加し、新車にあった新しい部品を低コストで生産できるように協力して設計します（デザイン・イン）。

　このように日本企業が協力的な組織間関係を築いている一方で、GM やFORD などのアメリカの自動車メーカーと部品メーカーは、お互いの裏切り行為（機会主義的行動）を恐れて、協調的な連携を取ることができませんでした。たとえば 1926 年に GM とフィッシャーボディ社のあいだで起こった買収劇とそれに関わるホールドアップ問題の事例は有名です[4]。

　なぜ、日米の組織間関係にこのような違いが生まれたのでしょうか。現在の視点で見れば、あたかも日本の企業には、重要な情報を共有し、新車開発などの重要なプロセスに参加させるような取引相手への「信頼」が醸成される文化的土壌がある一方で、アメリカ企業には他社を信頼するような土壌がないかのような印象を受けてしまいます。

　しかしながら歴史をさかのぼるとその印象は変わってきます。日本の製造業の下請系列制度は戦時中の統制経済の中で形作られたと考えられています。実は戦前の日本では欧米的な部品取引が主流でした（西口［2000］）。それがなぜ日本的といわれる長期継続取引に変わっていったのでしょうか。

　系列取引が最初に現れたのは第二次世界大戦の末期、戦局が逼迫して敗戦の色が濃くなってきた 1940 年代でした。軍需産業を支えるために必要な大量かつ高品質の部品供給を確保するために政府主導で協力工場政策が実施されたのがきっかけです[5]。それによって大企業の技術指導の下で専属下請企

業の育成がなされました。終戦でこの強制的専属関係は消滅しましたが、部品を外部調達するという分業体制は戦後も存続することになりました。

そして1950年に朝鮮戦争が勃発し、特需景気によって日本は高度成長に突入します。その時に上記の分業体制に基づいて親請け企業が部品メーカーを従属させる仕組みが形作られていきました。今度は政府による強制ではなく、急激な需要拡大に対応するために部品の安定供給を必要とした大企業によって、下請部品メーカーの専属化と育成、さらにその部品メーカーによる二次・三次下請の育成という**重層的な系列化**が進められていったのです。

3 企業の強みの源泉を理解する

また、個々の企業の**強み**について理解するうえでも歴史を知ることは重要です。たとえば、日本の独特な部品取引の方式である**承認図方式**がどのように始まったかも歴史を知ると意外な起源がわかります[6]。これは大手自動車メーカーが新車開発にあたって必要となる部品を、下請け部品メーカーに「設計」まで任せて発注する方法のことです。

従来の「貸与図方式」では、部品メーカーが親請けの自動車メーカーが書いた設計図を借りてその通りに作ります。しかしながら「承認図方式」では、自動車メーカーは部品メーカーに、必要となる部品の「仕様」だけを伝え、部品メーカーはそれをもとに自分たちで図面を書いて開発します。

このやり方は、親請けの自動車メーカーも社内の開発工数を減らすことができますし、部品メーカーも自分の得意技術を活かした設計をしてコスト削減や品質向上が可能となり、さらには自社の開発能力を向上させることができます。お互いにメリットの大きいやり方なので、1990年代以降には、欧米の企業でも研究され、実際に導入されてきました。

しかしながら、新車の部品を開発・設計するには、親会社が開発している新車の情報を共有する必要があるため、情報流出の恐れがあり、よほどの信頼関係がなければ導入は難しかったはずです。この「承認図方式」は日本に

おいてどのように始まったのでしょうか？　それには、トヨタが戦後すぐに倒産しそうになった時の経緯を知らなければなりません。当時、経営再建のために銀行団の介入があったトヨタでは、経営権を銀行団に渡すのを拒絶する代わりに、銀行の要求を呑む形で、社内の販売部門や製造部門の一部を別企業として切り離し、組織をスリム化しました。それによって社内の「電装部」を「日本電装株式会社」（現在の株式会社デンソー）として独立させるなど、様々な部品サプライヤーが誕生しました。

　そのためトヨタでは新車開発の際に必要となる電装部品の開発者がすべて別会社に移ってしまいました。しかしながら部品開発の必要はなくなりませんので「部品開発の社外委託に関する内規」をいくつか制定することで、デンソーなどの分離した部品メーカーに開発を委託することを社内手続き上可能にしていきました。これが「承認図方式」のスタートです。その後、1960年代に日本にもモータリゼーションの波が訪れると、新車の開発競争が激化し、部品開発の必要性が拡大していく中で、これらの「内規」を使用して外部の部品メーカーにもこのやり方が拡大していくことになったのです。

　このように「承認図方式」はむしろ人や資源の不足に対応するために、仕方なく導入されたものが思わぬメリットを発揮し、トヨタの強さの秘訣の1つになっていきました。この事例からわかるように、戦略や制度、慣行などが現時点で果たしている役割や機能だけに注目する「機能主義」的な説明では、なぜそれが生まれたのかという「起源」を知ることはできません[7]。過去を振り返ることで初めて、深く理解することができるのです。

10-2　歴史の積み重ねにより生まれる経路依存性

　前節での承認図方式のように、企業のケイパビリティの中には、意図せずしてでき上がったものが数多くあります。承認図方式にはメリットがたくさんあるので「怪我の功名」だったわけです。しかしながら、偶然のきっかけ

によって、必ずしも最適ではない結果に落ち着いてしまう場合もあります。

1 ｜ ガソリン自動車の普及

　近年、自動車業界ではガソリンから電気へと動力源の大転換が起こっています。それによって長年懸念となってきた環境汚染の問題を克服しようしています。このように最新の夢の技術として捉えられることが多い電気自動車ですが、実はガソリン自動車よりも先に発明され、実用化されていたという事実はあまり知られていないでしょう[8]。

　自動車が実用品として世に出始めたのは19世紀の終わりから20世紀の初めにかけてで、今から100年以上前になります。その当時、自動車の動力は「蒸気（外燃機関）」「電気（モーター）」「ガソリン（内燃機関）」と主に3種類あって、各技術を用いた企業群がしのぎを削っていました。ガソリン自動車は他2つに比べ、部品数が多くて機構が複雑、騒音や排気ガス、安全性などの点で問題がありました。電気自動車は、航続距離の短さ、パワーの無さなどの弱点はありましたが、構造の単純さ、動作の静かさなどの面で都市部では優位性がありました。また蒸気自動車も同様の利点があり、なんといってもパワーと速度は当時のガソリン車を凌いでいました。

　このように自動車が普及を始める1890年代時点では必ずしもガソリン自動車が技術的に最も優勢だというわけでもなかったのです。にもかかわらずガソリン自動車が普及していきました。蒸気自動車の衰退の引き金は、1914年にアメリカで口蹄疫が流行したことで、各地に設置されていた馬桶が撤去されてしまい、水供給の面で大きな打撃になったといわれています。

　そうした出来事もありましたが、ガソリン車の普及に決定的な影響を及ぼしたのは、大富豪として名高いロックフェラー家のスタンダードオイル社による石油精製の大規模化と鉄道を使った大量輸送の実現でした。当時ガソリンは原油から照明用の灯油を精製した後の副産物で、においが強く揮発性で爆発の危険性が高い厄介な産業廃棄物でした。このタダ同然で手に入るガソ

リンが大量供給されたことが大きく普及させる背景になりました。

　ちょうどその頃、それまで石油の主な用途であった照明の主役が、エジソンの電球の発明によって灯油から電気に移り始めていました。ロックフェラー1世が率いる石油業界では、照明に替わる使途としてガソリン自動車の普及を強力に後押ししたのです。ガソリン自動車が普及し、ドミナント・デザイン（市場において最も大きな支持を獲得した支配的な製品のデザインのこと）としての地位がはっきりした後は、様々な技術開発がガソリン自動車に集中したので、現在の視点で見るとガソリン自動車の技術的優位性が圧倒的に見えます。しかしながらもし100年前に電気自動車が普及していたら、大気汚染や地球温暖化などの問題が現在起こっていなかったかもしれません。

2　経路依存性とは何か？

　ガソリン自動車の普及は、自動車の中心的な技術が最適か否かにかかわらず、それを取り巻く副次的な要因によって技術が選択される事例としてあげられます。このように、その時々の偶然の出来事や、人為的、政治的な介入などの歴史的積み重ねによって、その後の様々な意思決定と発展の経路が影響を受けるという現象を**経路依存性**といいます。現在、私たちが置かれている状況は、必ずしも最適な選択肢が選ばれた結果というわけではなく、過去の様々な歴史的経緯の影響を受けているのです。そのため「経路依存性」の存在は、現在の社会経済を理解し、将来的な進路を考察するうえで「過去を知ること」が不可欠であるということの根拠と考えられます。

　経路依存性を示す事例はほかにも数多く存在します。よく取り上げられるのが原子力発電所の「軽水炉」の技術選択です。現在の原発の設備で世界の約80%を占めるのが軽水炉の技術ですが、安全面に関してはガス冷却炉の方が優れているといわれています。軽水炉は原子炉を水で冷却するため、配管が複雑となりメンテナンスが難しく、水蒸気爆発や水素爆発の危険性もあります。冷却用の海水を確保するために海沿いに設置されなければなりませ

ん。一方のガス冷却炉は複雑な配管も必要なく、海水の使用がないために海沿いに立地する必要もありません。

　それでも軽水炉が普及して現在に至る背景には、軽水炉がアメリカの原子力潜水艦への軍事利用のために開発されたという経緯があります。当然、潜水艦は海面下を移動しますので、冷却に海水を使う軽水炉が最も理にかなっています。冷戦下の軍事技術に対する巨額の投資は、軽水炉における技術開発などの学習効果と、多くの建造経験をもたらすことで、他の代替技術に対する軽水炉の優位性を築いていったのです[9]。

3 ｜ 地域企業 / 地場産業の発展にも経路依存性が影響

　こうした経路依存性を通した歴史的な制約は、私たちの身近な地域の企業や産業にも関わっています。道内出身者が多い北海学園大学の学生であれば「塩昆布・辛子明太子構造」という言葉を聞いたことがあるかもしれません。塩昆布は京都、辛子明太子は福岡（博多）の名物です。しかし、その原料であるタラコや昆布は北海道が産地です。当の福岡や京都の企業は、道産タラコや昆布の使用を高級品の証として宣伝に使っているほどです。

　せっかく北海道でとれた素材が京都や福岡で加工され、高級品として販売され大きな利益を生み出しています。時には道民が京都や福岡に観光に行って、そういった加工品をお土産として北海道に買って帰るケースもあるかもしれません。ならばそういった製品を道内企業が手掛ければ、大きな利益をもたらすことができるのではないでしょうか。特に辛子明太子などは、原料のタラコが新鮮であればそれだけ美味しいものができるはずです。

　しかしながら、京都や福岡がこうした地場産品の名産地であるのには歴史的なきっかけがあり、それに伴う経路依存性がその地域の強みを長い期間をかけて形作っているため、簡単には打ち破ることはできません。

　たとえば辛子明太子は、元々は韓国料理の海鮮キムチの一種であり、福岡の食べ物ですらありませんでした。しかし、戦前に日本の統治下にあった韓

国の釜山で幼少期を過ごした川原俊夫（ふくや創業者、1913 – 1980）が、戦後の引き上げで福岡に戻って食品問屋を始めた折に、幼少期に食べた味を忘れられず自己流で作っては近隣住民に広めていった結果、地域で評判になったといいます。それが1975年の東海道・山陽新幹線の博多駅乗り入れによって、インパクトがあってなおかつ手軽なお土産として東京や大阪からの出張客に爆発的に広まったのです。

　この爆発的な需要拡大に対して、川原俊夫は周囲から製法の特許を取得しておくように勧められましたが、むしろ希望する人にはどんどん製法を教えていきました。そのおかげで福岡市内には200社以上も辛子明太子を作る企業が生まれました。このことは福岡に行けば200種類もの違った辛子明太子が味わえるということを意味します。こうした歴史的経緯により生まれた多様性は、原材料であるタラコが福岡では取れないという不利にもかかわらず、簡単には覆せない優位性になっているのです（ふくや社史編纂室［2017］）。

10-3 経路依存性を乗り越える企業家

　上記の「経路依存性」の事例の中には、過去の経験が「しがらみ」となって、もっと良い状態があるべきなのに実現できないという状況も多くありました。こういった状況を経営学では**慣性**とか**硬直性**とも表現します。それに対して、この「しがらみ」を乗り越えて、新しくより良い状況を作り出そうとする人々を**企業家**（Entrepreneur）と呼びます。

　「企業家」とは元々経済学で考えられた概念です。経済学の一般均衡論においては、市場で企業間の競争が極限まで進行すると、それ以上超過利潤を生み出すことができない「長期均衡」の状態に陥ると考えます。企業家とは、そうした利潤ゼロの状態を**イノベーション（新結合）**によって打破し、新しい利潤獲得のチャンスを生み出す存在なのです。

この「企業家」という概念を生み出した経済学者**シュンペーター (Schumpeter, J.A.)** は、企業家を「経営者」や「資本家」や「発明家」とも違う、資本主義における**創造的破壊**という特別な役割を持つ者として定義しました。彼によると企業家は次のような手段で「イノベーション」を生み出すと論じています[10]。

①　新しい商品サービスの生産
②　新しい生産方法の導入
③　新しい販路の開拓
④　原料の新しい供給源の獲得
⑤　新しい組織の実現による独占的地位の獲得あるいは他社の独占の打破

　現代の北海道でも、たとえば上記の「塩昆布・辛子明太子構造」のような状況を打破すべく、様々な企業家の方々が「六次産業化」などといった手法を試行錯誤しながら地域を盛り上げようと努力しています。

1 ｜ 旧弊に立ち向かう企業家

　現在の日本の経済社会には、古くなった制度や慣行に縛られた側面が大いにあります。しかし、過去にも様々な企業家がかつての旧弊を打破し、新しい市場を生み出して経済成長を成し遂げてきました。たとえば、石油元売りの出光興産を創業した出光佐三（1885～1981）は、小説『海賊とよばれた男』が映画や漫画にもなったので、知っている人も多いでしょう。彼は戦時中の政府による経済統制や、戦後の欧米による石油の供給網支配に抵抗して、独自の供給ルートを開拓していきました。それによってセブンシスターズと呼ばれる国際石油資本によって支配されていた日本への石油供給が自由化される契機をつくったといわれます。
　出光は戦前の日本政府や巨大な国際石油資本といった強大な権力に屈せ

ず、当たり前だと思われている規制や慣行に対して疑問を呈していきました。戦後、石油業界の大手企業の多くが外資の傘下に入る中で、日本独自の石油供給を目指す「民族系」の企業として日本の石油業界を海外の支配から守ったとまでいわれています。戦時の経済統制や敗戦による占領といった日本独自の歴史的背景からくる「経路依存」的状況に対して、様々に抵抗することで今の地位を築いた出光佐三はまさに「企業家」といえるでしょう。

企業経営の歴史を学ぶと、こうした困難に立ち向かったり、創意工夫でイノベーションを起こしたりして、新しい経済発展を生み出したたくさんの企業家にふれることができます。それによって、私たちにとっても現在の社会経済を取り巻く様々な困難に立ち向かい、より良い状態を形作っていくための姿勢や考え方、プロセスを学ぶことができるのです。

2 ｜ 企業家と組織文化

苦労してイノベーションを生み出す企業家には、強固な理念をもって活動したケースが多々あります。出光佐三も強い理念をもって事業を成功させた1人です。彼の経営理念は「大家族主義」という言葉に現れています。彼は自著『マルクスが日本に生まれていたら』[1965]で、日本の家族のあり方を「血のつながりという大きな愛情に安心して、お互いに我儘が出るから、表面上は会社のように上手くいかないように見える場合もあるが、いったん家庭の外から圧迫が加わったりすると、理屈無しにさっと家族全体がまとまる」(p.47)といい、見習うべき点が多いと論じています。

出光興産では5つの主義方針の1つとして「大家族主義」を「いったん出光商会に入りたるものは、家内に子供が生まれた気持ちで行きたい」と定めています。こうした理念をもとに「出光の七不思議」というものが2006年の株式上場まで存在していました。これは「(1) 馘首（クビ）がない。(2) 定年制がない。(3) 労働組合がない。(4) 出勤簿がない。(5) 給料を発表しない。(6) 給料は生活の安定のためのもので、給料自体が目的ではない。

(7) 残業代を社員が受け取らない」といったものです。社員が家族なのであれば、家族にクビや定年などあるわけがないということです。

　こうした経営理念や、それをもとに形成された管理制度は、創業者の出光佐三の企業家としての思想から生まれたもので、草創期の出光興産の発展のエンジンとなりました。このように、創業者の強いリーダーシップが組織に命を吹き込み、**組織文化**を形作ります。また、企業家の経営理念は、創業時の企業をとりまく時代背景の影響が色濃く刷り込まれています。ですから、企業の持つ組織文化を理解するには、創業者や「中興の祖」と呼ばれる名経営者たちが、どのような場面でいかなるリーダーシップを発揮したのか、その時代背景とともに知る必要があるのです。

10-4　企業経営への理解を深めるために

　本章では企業経営の歴史について学ぶことの意義を説明してきました。企業をよりよく理解するための手段として歴史をたどることの重要性を強調しました。企業の個性や強みを形作る組織能力は、企業が経験した偶然の出来事や時代背景によって影響を受けます。そのため、企業の現状を理解するためには沿革を知る必要があるというわけです。

　また、歴史的経緯が与える影響を示す「経路依存性」という概念も取り上げました。「経路依存性」は、偶然性や恣意性によって、意図せず非合理的な結果を作り出すことがあります。そうした非合理性をイノベーションによって打破する「企業家」の働きについて学ぶことも経営史のテーマの1つです。また「企業家」は時代に即した理念をもってリーダーシップを発揮し、個性的な組織文化を生み出します。そのため組織文化をよりよく理解するためにも、その時代背景について知る必要があるのです。

注

(1) 「組織能力（Organizational Capabilities）」は、様々な研究者が多様な文脈で用いる概念です。経営史の泰斗であるチャンドラー（Chandler, A.D.）は、企業経営の発展史を説明するための核となる概念として「組織能力」を提唱しました。彼によると組織能力とは、企業内部で組織化された物的設備と人的スキルの集合体であり、企業の成長に必要な規模の経済性と範囲の経済性を実現する仕組みです。この組織能力を形成しえた企業が大規模化し、近代企業へと発展してきたのです（Chandler［1990］）。

(2) 上記で「重電」「軽電」と呼んだ発電機、モーターや家電などは「強電」と呼んで「弱電」と対比されることもあります。

(3) 「アームズレングス原則（Arm's Length Principle）」とは、取引の相手同士が独立して対等な立場で行われるという原則です。

(4) この事例に関しては最近のより詳細な研究からは異論も生じています（Freeland［2000］pp.33–66）。

(5) 1940年の「機械鉄鋼製品工業整備要綱」が協力工場政策の嚆矢です。植田［2004］第3章などを参照のこと。

(6) 「承認図方式」に関する以下の記述は藤本［1997］に依拠しています。

(7) 藤本［1997］は、ここでの「機能」と「起源」の対比に相当する議論として、「機能論」と「発生論」の対比を掲げており、「発生論」は進化論的視点によって議論しうると論じています。

(8) 自動車および原子炉の技術選択に関する本項の記述の詳細については、Burgelman［2007］（青島ほか訳［2007］p.406）を参照してください。

(9) そもそも、アメリカで初めて建設された原子炉であるシカゴ大学のCP-1も、日本で初めての原子炉もガス冷却炉でした。

(10) 詳細についてはSchumpeter［1912］和訳上巻, p.183を参照のこと。

参考文献

- Burgelman, R., C. Christensen and S. Wheelwright［2007］*Strategic Management of Technology and Innovation 4th-ed.*, McGraw-Hill：Irwin.（青島矢一・黒田光太郎・志賀敏宏・田辺孝二・出川通・和賀三和子訳［2007］『技術とイノベーションの戦略的マネジメント（上下）』翔泳社）
- Chandler, A.D. Jr.［1990］*Scale and Scope*：*The Dynamics of Industrial Capitalism*, Belknap Press of Harvard University Press, Cambridge and London.（安部悦生・川辺信雄・工藤章・西牟田祐二・日高千景・山口一臣訳［1993］『スケールアンドスコープ——経営力発展の国際比較』有斐閣）

- Freeland, R.F. [2000] Creating Holdup Through Vertical Integration: Fisher Body Revisited, *Journal of Law and Economics*, Vol.43, No.1, pp.33-66.
- Schumpeter, J.A. [1912] *Theorie der Wirtschaftlichen Entwicklung: eine Untersuchung uber Unte rnehmergewinn, Kapital, Kredit, Zins und den Konjunkturzyklus*, Munchen, Leipzig: Duncker and Humblot.（塩野谷祐一・中山伊知郎・東畑精一訳［1977］『経済発展の理論──企業者利潤・資本・信用・利子および景気の回転に関する一研究（上下）』岩波文庫）
- 植田浩史［2004］『戦時期日本の下請工業─中小企業と「下請＝協力工業政策」』ミネルヴァ書房。
- 総務省統計局［2015］「平成 26 年度経済センサス－基礎調査」。
- 西口敏宏［2000］『戦略的アウトソーシングの進化』東京大学出版会。
- 藤本隆宏［1997］『生産システムの進化論──トヨタ自動車にみる組織能力と創発プロセス』有斐閣。
- ふくや社史編纂室［2017］『ふくや 70 周年史 1947 → 2017』株式会社ふくや。

学習の後に読むべき本

- 宮本又郎・岡部桂史・平野恭平編著［2014］『1 からの経営史』碩学舎。
- 米倉誠一郎［1999］『経営革命の構造』岩波新書。
- Kotter, J.P. [1997] *Matsushita Leadership: Lessons from the 20th Century's Most Remarkable Entrepreneur*, The Free Press.（金井壽宏監訳［2008］『幸之助論「経営の神様」松下幸之助の物語』ダイヤモンド社）

第4部

企業のお金の仕組みを知る

SUMMARY

第4部では、企業経営の実態を「視える化」することに役立つ学問領域である会計・ファイナンスについて学習しましょう。企業は、さまざまな活動を行っていますが、企業に関わるすべてのステークホルダーが、その実態の詳細を的確に把握することは困難です。そこで、企業では、自社の活動の「質」と「量」をデータ化して、ステークホルダーに対して活動の「視える化」をすることが必要とされています。この「視える化」された企業活動をまとめたものを「財務諸表」(第11章「会計学」)といいます。そして、「財務諸表」のデータから、お金の流れに関わる企業の意思決定(第12章「ファイナンス」)を学び、さらに、「財務諸表」のデータ以外の非財務情報も活用したマネジメント・コントロール(第13章「管理会計」)について学習することが、第4部の大きな目的です。

第 **11** 章

会計学
企業活動を「視える化」する

SUMMARY

本章は、経営学部において学修する会計学の位置づけを明らかにすることを目的としています。一言でいうと、会計学とは、企業活動を誰にでも理解できるように「視える化」する学問です。

本章では、会計学の正体を知るために、まず、会計と経営資源の関係、会計と企業活動の関係を明らかにします。次に、企業経営に対する会計の機能、会計の領域について説明したうえで、ステークホルダーに報告される2つの財務諸表（貸借対照表と損益計算書）の構造と構成要素（資産、負債、純資産、収益、費用）について解説します。

11-1 会計とは何なのか

　新聞、テレビやインターネットのニュースでは、**会計（Accounting）**という文言が、毎日のように、あちらこちらに見受けられます。そして、それらニュースの多くは、「ビジネスの世界においては、会計を理解しておかなければ、時代の変化に対応し、企業を成功に導くことができない」というような内容を暗に示しています。これは、会計というものが、社会において重要視されている証拠に他なりません。しかし、一方で、会計は、とても難しいものだとも思われてもいます。「必要だとはわかっているのだけれど、どうにもとっつきにくいもの。」これが、会計に対する一般的なイメージなのだと思います。

　このような会計に対するイメージが生じる原因は、会計自体が、あまりにも漠然としていること、そして、よくわからない専門用語やルールが絡み合っていて会計自体の大枠がはっきり見えてこないこと、さらに、複雑な数学的知識を学修しなければ理解できないと勘違いされていることにあると思われます。

　事実、会計には多くの専門用語やルールがあります。しかし、会計を初めて学修する際、細かな専門用語や規則を大量に暗記する必要はありません。大枠をつかんで会計が何のために必要なのか、どのように使われるのかさえ理解できればよいのです。そして、会計の学修には、複雑な数学的知識も必要ありません。会計の基本的な部分は、**四則演算（加減乗除）**さえできれば、理解できるようになっています。

　それでは、会計の大枠とは何なのでしょうか。これを簡単にいってしまうと次の2つのように表現することができます。

① 組織（企業、団体等）の活動を貨幣額で表現すること。
② 組織（企業、団体等）の活動結果を**ステークホルダー（Stakeholder）**

に報告すること。

　会計は、ステークホルダーの範囲の大小によって、様々な種類が存在しています。最もステークホルダーが少ない組織としては、家族の間の会計である家計があげられます。さらに、比較的ステークホルダーの少ない組織としては、大学のサークルや同好会、在住する地区の町内会などが考えられます。これらの組織においても会計は存在しています。そして、ステークホルダーの多い組織としては、学校、企業、国、地方公共団体などが考えられます。ちなみに、国の会計のことを**財政（Finance）**といいます。

　ただし、一般に会計という場合、企業の会計、すなわち、企業会計を意図しています。言い換えれば、会計の対象は、企業であり、その活動を貨幣額で表現し、ステークホルダーへそれらを報告する行為が、会計の大枠になります。そこで、次に、会計の対象となる企業について少し考えてみたいと思います。

11-2　会計と経営資源

　企業とは、「ヒト」、「モノ」、「カネ」という3つの**経営資源（Management Resource）**を組み合わせて、利益を産み出す仕組みと言い換えることができます。したがって、これら3つの経営資源について少し考察してみます。

1　経営資源：「ヒト」、「モノ」、「カネ」

　本章で扱う代表的な「ヒト」としては、**図表11-1**にある7種類のステークホルダーがあげられます。そして、彼らは、各々、企業に対して様々な関心をよせています。

　次に、経営資源としての「モノ」を会計的な観点から考えた場合、大きく

図表 11-1｜ステークホルダーの役割と関心事

種　類	役　割	企業に対する関心事
株主	資金の出資者	投資した資金の使い道と配当能力
債権者	資金の融資（貸付）者	融資した資金の使い道と利息の支払能力
他業種の企業	固定資産の供給者	販売した固定資産の代金の支払能力
生産者	商品・原材料の供給者	販売した商品・原材料代金の支払能力
従業員	労働力の提供者	労働に対する対価の支払能力
消費者	商品の消費者（顧客）	商品の鮮度・品質・価格
国 地方公共団体	営業資格の許可書	適正な納税

出所：筆者作成。

図表 11-2｜「モノ」の分類

「モノ」の種類	具体的項目
販売目的で購入する財	商品、製品、仕掛品など
自身が使用する目的で所有する財	建物、車両、土地、備品、機械装置など

出所：筆者作成。

図表 11-3｜「カネ」の分類

「カネ」の種類	具体的項目
現金預金	現金、当座預金、普通預金など
債権	売掛金、貸付金、受取手形など

出所：筆者作成。

2つに分けて捉えることになります。**図表 11-2**で示しているように、企業は、販売を目的として購入する財（商品など）と企業自身が使用する目的で所有する財（固定資産）の2種類の「モノ」を所有しているのです。

そして、経営資源としての「カネ」とは、会計学の視点から考察すると**図表 11-3**で示しているように、現金預金と債権（将来における財産のプラス、言い換えると将来において現金・財・サービスを受け取る権利）を意図しています。

2 | 会計と「ヒト」、「モノ」、「カネ」

　企業は、ステークホルダーとの間において、経営資源としての「モノ」や「カネ」を交換する活動を行っているのです。つまり、企業活動とは、企業がステークホルダーとの間で行う「モノ」や「カネ」の交換活動と言い換えることができます。

　したがって、経営資源としての「ヒト」、「モノ」、「カネ」の観点を踏まえて、今一度考えてみると、「企業活動(「モノ」や「カネ」の交換活動)を貨幣額に変換して、ステークホルダー(「ヒト」)に報告する行為」が、会計の大枠ということになります。

　このような会計の大枠を理解したうえで、次に、会計の対象とする企業活動、すなわち、「モノ」と「カネ」の交換活動について、もう少し詳しく考えてみたいと思います。

11-3 | 会計と企業活動

　本章では、企業活動の構造を理解するために、流通業を例として考えてみます。

1 | 企業活動の分類とステークホルダー

　流通業を生業とする企業が行っている「モノ」と「カネ」の交換活動は、大別すると次の**図表11-4**のように分類されます。なお、各種の企業活動の内容とその対象となるステークホルダーについても併記しておきます。

　図表11-4で理解できるように、企業は、まず、国や地方公共団体から、法人格(法律的な人としての資格)の許可を得て(企業を創る活動：①商業登記)、初めて企業活動ができるようになります。そして、企業活動を行うた

図表 11-4 | 企業活動の分類とステークホルダー

大分類	小分類	ステークホルダー	内容
1) 企業を創る活動	①商業登記	国・地方公共団体	企業としての活動許可の申請を行う。 ※一度きりの活動
2) 資金を調達する活動	②株式発行（出資）	株主	株式を発行し、事業資金を調達する。 ※自己資本：返済義務なし ※事業資金の必要に応じて増資する。
	③借入（融資）	債権者	銀行などの債権者から、借金して事業資金を調達する。 ※他人資本：返済義務あり ※事業資金の必要に応じて行う活動
3) 資金を運用する活動	④固定資産の購入	他業種の企業	企業活動に自ら使用する固定資産を購入する。 固定資産：土地、建物、車両、備品（PC）などの購入
	⑤固定資産の代金支払		購入した固定資産の代金を支払う。
4) 従業員を雇う活動	⑥雇用契約	従業員	企業で働く従業員を雇用する。 ※雇用は、取引ではなく契約 ※日本の場合は、通常年1回行う活動
5) 利益を獲得・分配する活動	⑦商品の購入（仕入）	生産者	生産者から販売するための商品を購入する。 ※商品代金を支払うまでは、買掛金（債務：負債）が生じる。
	⑧商品の販売（売上）	消費者	消費者へ商品を販売する。 ※商品代金を回収するまでは、売掛金（債権：資産）が生じる。
	⑨商品代金の回収		販売した商品代金を消費者より回収する。 ※回収できなければ大問題となる。
	⑩商品購入代金の支払	生産者	商品購入代金を生産者に支払う。
	⑪利息の支払	債権者	銀行などの債権者に利息を支払う。
	⑫給料の支払	従業員	従業員に給料を支払う。
	⑬納税	国・地方公共団体	国・地方公共団体へ税金を納付する。
	⑭配当	株主	出資者である株主に、利益≒儲けを出資割合に基づき、配当する。

出所：筆者作成。

めに必要な「カネ」を株主ならびに債権者から調達（②株式発行、③借入）します。さらに、調達した「カネ」を使って企業活動を遂行するうえで必要な「モノ」（固定資産）を他業種の企業から購入（④固定資産の購入、⑤固定資産の代金支払）するとともに、企業活動に従事する「ヒト」として、従業員を雇う（⑥雇用契約）のです。これら①から⑥までの活動を行うことで、企業は、利益を獲得するために必要な経営資源である「ヒト」、「モノ」、「カネ」を揃えられるのです。

　その後、企業は、所有する経営資源を組み合わせて活用することで、生産者から商品を購入し、消費者へ商品を販売するとともに、代金を回収して利益の獲得（⑦商品の購入、⑧商品の販売、⑨商品代金の回収）を達成するのです。ただし、企業活動はこれで終わることはありません。なぜなら、企業活動を遂行するための経営資源は、消費者以外のステークホルダーたちが提供してくれたものだからです。そこで、企業は、彼らからの経営資源の提供に対して応えるために、儲かった利益を分配する活動を実行します。まず、「カネ」を使って、生産者には、代金（⑩商品購入代金の支払）を、債権者には、融資してもらった資金の利息（⑪利息の支払）を支払います。そして、企業のために働いてくれた従業員には、労働に対する対価（⑫給料の支払）を支給します。さらに、その後に残った利益に対して税金が課せられ、国・地方公共団体へ税金を納付（⑬納税）し、最後に、税金を差し引かれたのちの利益から、資金を出資してくれた株主へ、儲けの分配（⑭配当）を行うのです。

2 ｜ 企業活動と会計学上の概念

　この**図表11-4**に基づいて、経営資源および会計学上の取引概念との関係を示すと**図表11-5**のように表現できます。
　ところで、これらの活動のうち、企業を創る活動（小分類：①）と「ヒト」を雇う活動（小分類：⑥）は、厳密にいうと**契約（Agreement）**ですので、

図表11-5｜企業活動と経営資源および会計学上の概念

大分類	小分類	経営資源との関係	会計学上の概念
1) 企業を創る活動	①商業登記		登記
2) 資金を調達する活動	②株式発行（出資）	「カネ」を集める活動	資本取引
	③借入（融資）		
3) 資金を運用する活動	④固定資産の購入	「モノ」を購入する活動	
	⑤固定資産の代金支払		
4) 従業員を雇う活動	⑥雇用契約	「ヒト」を雇う活動	契約
5) 利益を獲得・分配する活動	⑦商品の購入（仕入）	「ヒト」、「モノ」、「カネ」を組み合わせて利益を獲得する活動	営業取引
	⑧商品の販売（売上）		
	⑨商品代金の回収		
	⑩商品購入代金の支払	ステークホルダーに応えるため「カネ」を分配する活動	
	⑪利息の支払		
	⑫給料の支払		
	⑬納税		
	⑭配当		

出所：筆者作成。

「モノ」と「カネ」を交換する活動には含まれません。したがって、会計で取り扱う企業活動とは、会計学上の**取引概念（Transaction Concept）**に合致している資金を調達する活動（小分類：②③）および資金を運用する活動（小分類：④⑤）、そして、利益を獲得・分配する活動（小分類：⑦⑧⑨⑩⑪⑫⑬⑭）になります。なお、会計学では、資金を調達する活動と資金を運用

する活動の2つを**資本取引**といい、利益を獲得・分配する活動を**営業取引**と呼びます。

11-4 会計の機能と財務諸表

図表11-1で示しているように、企業には、多様かつ多くのステークホルダーが存在しています。そして、彼らは、各々、企業に対して何らかの利害を持っています。

1 株式会社とステークホルダー

ところで、なぜ企業、特に、株式会社には、多様かつ多くのステークホルダーが存在しているのでしょうか。その主な理由としては、次の3つが考えられます。

① 株式会社のうち上場企業は、証券市場を利用し、広範囲から多額の資金を集めているため、不特定多数の株主との間に利害関係が生じるから。
② 上場企業は、株式を公開しているため、潜在的な投資家との間に利害関係が生じるから。
③ 調達した多額の資金を使っているため、数多くの仕入先および金融機関との間に利害関係が生じるから。

ここで少し、ステークホルダーたちの株式会社に対する関心について考えてみたいと思います。

まず、株主は、株式会社に対して資金を提供しているのですから、自身の出資した資金が、何に使われ、どのくらい増加もしくは減少したのかについて、正確に報告してもらいたいと考えています。なぜなら、彼らは、もし、

出資した資金が増加しているのであれば、配当（出資額に見合った分け前）をもらいたいと考えているからです。さらに、企業の株式を購入しようと考えている将来の株主（潜在的な投資家）は、投資先として思案中の株式会社が、これまで、どのような企業活動を行い、どのくらいの利益を獲得してきたのか判断するための正確な資料を入手したいと考えています。同様に、銀行などの債権者も、株式会社に対して資金を融資しているのですから、自身の融資した資金の使い道や資金の返済能力について正確な情報を欲しいと考えていると思われます。また、商品の供給先である生産者は、商品代金を支払う能力を取引相手がもっているかどうかに関心を示すはずです。つまり、ステークホルダーたちは、株式会社が「どのような活動」を「どのくらい実行」して、自分たちが提供した経営資源が「どういった状態」になっているのかを知りたいという欲求を持っているのです。

　上記したようなステークホルダーたちの様々な関心や欲求に応えるためには、株式会社は、自社が、どのような企業活動を行ったのかを正確に「視える化」し、それらが記載された資料を作成して、彼らに提供しなければなりません。つまり、株式会社は、ステークホルダーたちに企業活動の情報を提供する責任を負っているのです。このような責任のことを**会計責任（Accountability）**といいます。そして、この責任を果たすための手段として作成される資料、言い換えれば、企業活動を「視える化」した資料のことを**財務諸表（Financial Statements）**といいます。

2 ｜ 会計の機能

　会計によって作成される財務諸表に記載された情報によって、ステークホルダーたちは、様々な意思決定を行います。このような会計の機能を、**情報提供機能**といいます。そして、ステークホルダーたちは、財務諸表の提供によって、株式会社が、どのくらいの利益を獲得したのかを正確に把握できるようになります。つまり、財務諸表を通じて、自身への利益の分配額（配当、

利息、代金などの額）が、妥当であるかどうかが判断できるのです。このような財務諸表によって提供される会計の機能は、**利害調整機能**と呼ばれています。言い換えれば、会計は、一方で、財務諸表による情報提供によって、ステークホルダーたちの意思決定を支援し、他方で、財務諸表を通じて、利益の分配額を明らかにすることで、ステークホルダーたちの利害調整を行っているのです。なお、多様なステークホルダーへの情報提供と利害調整に対応するために、会計には、**会社法**、**金融商品取引法**、**法人税法**などの様々な規則やルールが存在しています。

11-5 会計の2つの領域

　株式会社の企業活動は、社会や企業を取巻く大勢の人々に大きな影響を及ぼします。したがって、会計によって作成される株式会社の財務諸表には、様々な期待がよせられています。しかし、その期待は、企業外部のステークホルダー（株主、債権者、他企業、生産者、国・地方公共団体など）たちと、企業内部のステークホルダー（経営者、従業員など）では、少し異なっています。

　企業外部者は、主に先ほど説明した情報提供機能と利害調整機能を会計に期待しています。しかし、企業内部者は、自社の持続、成長のために、自社の財政状態と経営成績を適切に把握することで、将来の経営に役立つ情報が提供されることを期待しているのです。

1 財務会計と管理会計

　会計は、このような内外のステークホルダーの財務諸表に対する期待の違いによって、2つの領域に分類されます。1つは、**財務会計（Financial Accounting）**、もう1つは、**管理会計（Managerial Accounting）**です。

管理会計については、第13章で詳しく説明されますので、本章では、財務会計と管理会計の概要と違いについて少しだけ説明しておきます。
　財務会計とは、株主、投資家、取引先、銀行などの債権者、国・地方公共団体などの企業外部のステークホルダーに対して、企業の財政状態や経営成績に関して報告する会計のことです。このため、財務会計は、**外部報告会計**と呼ばれています。これに対して、管理会計とは、企業の経営者や従業員が、会社の経営方針や経営計画を策定し、企業活動の達成度を把握しながら企業の管理を行うことを目的としている会計を意味しています。経営者や従業員は、企業の内部者なので、これを**内部報告会計**と呼びます。
　経営者は、経営方針のもとに、「ヒト」、「モノ」、「カネ」を組み合わせて、その成果として利益を稼ぎ出します。しかし、その成果が何によるものなのかを把握しておかないと、今後の企業経営を成功に導くことはできません。そこで、企業経営を成功させるために、経営者は、企業活動に使用した経営資源とそれより得た成果との関係を考え、より効率的に利益を獲得できる企業活動に経営資源を運用する必要があるのです。つまり、経営者の大事な仕事の1つとして、自社の業績管理の実施が不可欠なのです。
　財務会計と管理会計の違いには、ステークホルダーの期待の違い以外に、法律に規制されているかどうかという違いも存在しています。前述したように財務会計には、会社法、金融商品取引法、法人税法などの法律による規定があります。これに対して、管理会計は、企業の内部管理を目的とするため、厳しく規制する制度は存在していません。つまり、管理会計とは、経営者や従業員が、自由に企業活動に関するデータを用いて、自身の企業経営のための意思決定や業績管理に、役立てることを目指した会計ということもできるのです。

2 ｜ 2つの領域の共通のデータ

　このように、財務会計と管理会計の両者には、様々な違いはありますが、

実際には企業内外のステークホルダーの多様な期待に応えるために、単に会計によって作成されるデータを使い分けているにすぎません。財務会計と管理会計は、別個に独立したものではなく、管理会計では、財務会計によって作成されたデータを利用することも多いのです。

ここにいう財務会計ならびに管理会計で用いられるデータとは、基本的には、先ほど紹介した企業活動を「視える化」した資料である財務諸表に掲載されているデータを意味しています。そして、財務諸表に掲載されているデータとは、企業活動、言い換えれば、「モノ」や「カネ」の交換活動を意図しています。

会計では、「モノ」や「カネ」の交換活動の質的側面を**勘定科目（Account）**という情報として表現し、量的側面を**金額（Amount）**という情報として表します。そして、企業活動を勘定科目と金額に変換するために使用される情報変換のシステムが、**複式簿記（Double Entry Bookkeeping System）**なのです。そういう意味で、複式簿記とは、企業活動を「視える化」するための情報変換システムということもできるのです。

企業は、複式簿記を使用することで、自社の財産的側面を表す財務諸表と自社の活動的側面を表す財務諸表を作成します。そして、一般に、前者は、**貸借対照表（Balance Sheet：B/S）**といい、後者は、**損益計算書（Income Statement もしくは Profit and Loss Statement：P/L）**と呼ばれています。

そこで、次に、会計によって作成される財務諸表とその内容について考えてみたいと思います。

11-6 企業活動と財務諸表

1 財務諸表の内容

次の**図表11-6**は、2つの財務諸表に集約される主要な勘定科目（企業活

図表11-6 | 2つの財務諸表の内容

損益計算書

```
Ⅰ 売上高
Ⅱ 売上原価
①期首商品棚卸高
②当期仕入高
③期末商品棚卸高
④棚卸減耗費
⑤商品評価損
   売上総利益
Ⅲ 販売費及び一般管理費
給料・福利厚生費・支払家賃・交通費
支払保険料・減価償却費・貸倒引当金繰入
退職給付引当金繰入・商品保証引当金繰入
賞与引当金繰入・広告宣伝費 etc.
   営業利益
Ⅳ 営業外収益
受取利息・有価証券利息・受取配当金
有価証券売却益・有価証券評価益
Ⅴ 営業外費用
支払利息・社債利息・有価証券売却損
有価証券評価損・株式交付費償却
社債発行費償却   etc.
   経常利益
Ⅵ 特別利益
固定資産売却益・投資有価証券売却益
前期損益修正益・貸倒引当金戻入   etc.
Ⅶ 特別損失
固定資産売却損・投資有価証券評価損
前期損益修正損・投資有価証券評価損
災害損失・貸倒損失   etc.
   税引前当期純利益
      法人税等
   当期純利益
```

動の質的側面）を一覧にしたものです。この表を一見すると、何やら意味不明な秘密の用語が、何らかの法則に従って羅列されている暗号表のように見えます。さらに、本物の財務諸表では、この勘定科目に、大企業であれば何百億単位の金額（企業活動の量的側面）が付け加えられます。会計を学修し始めた際に、この2つの財務諸表を突き付けられると、いわゆる「会計嫌い」になってしまいます。先に述べた「必要だとはわかっているのだけれど、ど

貸借対照表

資産の部	負債の部
Ⅰ 流動資産 ①当座資産 現金預金・売掛金・受取手形・有価証券 前払金・未収入金・前払費用・未収収益 (貸倒引当金マイナス) ②棚卸資産 商品・製品・半製品・原材料・仕掛品 **Ⅱ 固定資産** ①有形固定資産 建物・建物付属設備・構築物・機械装置 車両運搬具・土地・工具器具備品 建設仮勘定(各減価償却累計額マイナス) ②無形固定資産 特許権・商標権・借地権・鉱業権 意匠権・実用新案権 ③投資その他の資産 子会社株式・関連会社株式・更生債権 出資金・その他有価証券・長期貸付金 投資不動産・満期保有目的債券 **Ⅲ 繰延資産** 創立費・開業費・開発費・株式交付費 社債発行費	**Ⅰ 流動負債** 支払手形・買掛金・短期借入金・未払金 社債(償還期限1年「以内」)・未払費用 前受収益・預り金・修繕引当金・賞与引当金 商品保証引当金(保証期限1年以内) **Ⅱ 固定負債** 長期借入金・社債(償還期限1年以上) 長期預り金・退職給付引当金 **純資産の部** **Ⅰ 株主資本** ①資本金　②新株式申込証拠金 ③資本剰余金 資本準備金・その他の資本剰余金 ④利益剰余金 利益準備金 その他の利益剰余金 ：任意積立金・繰越利益剰余金 ⑤自己株式　⑥自己株式申込証拠金 **Ⅱ 評価換算差額等** その他有価証券評価差額金 繰越ヘッジ損益・土地再評価差額金 **Ⅲ 新株予約権**

出所：筆者作成。

うにもとっつきにくいもの」という会計の一般的なイメージは、初学者が、突然、このような表と対峙することから生じるのだと考えられます。

2 企業活動と財務諸表の関係

本章では、財務諸表の内容の詳細を学修することから離れて、企業活動との関係から、この2つの財務諸表について考えてみます。そこで、今一度、**図表11-5**を見てみましょう。この表で明らかなように、会計で取り扱う大分類の企業活動とは、2) 資金を調達する活動、3) 資金を運用する活動、5) 利益を獲得・分配する活動の3つです。そして、これらの活動が集約・掲載されているのが、貸借対照表と損益計算書なのです。以下の**図表11-7**は、2つの財務諸表が、どのような企業活動を表しているのかを概説したものです。

図表11-7　財務諸表と企業活動

出所：筆者作成。

3 財務諸表の構成要素と構造

貸借対照表の左側には、資金を運用する活動が掲載されています。そして、右側には資金を調達する活動が示されているのです。

企業は、**図表11-4**で説明してあるように、2種類のステークホルダーから資金を調達します。1つは、株主からの資金調達です。会計では、株主か

ら調達した資金のことを**純資産（Net Asset）**といいます。今１つは、銀行などの債権者からの融資を意図しています。会計では、債権者から調達した資金のことを**負債（Liability）**といいます。負債とは、**債務**（将来における財産のマイナス）を意味するものであり、その範囲には、資金を運用する活動および利益を獲得・分配する活動に伴って生じた金銭の支払債務も含められます。

　株主および債権者から調達された資金は、一旦、現金として企業に所有されます。ただし、企業は、現金をただ所有しているだけでは、ステークホルダーたちの欲求に応えることはできません。そこで、企業は、まず、様々な企業活動を行うために、自身が使用する目的で所有する財の購入に調達した資金を運用します。つまり、資金を運用する活動を行うことで、企業は、利益を獲得・分配する活動の準備を整えるのです。会計では、貸借対照表の左側に計上される資金を運用した結果のことを**資産（Asset）**といいます。ここでいう資金の運用とは、**図表11-4**で示してある企業活動の小分類④および⑤、すなわち固定資産の購入に関する活動を意味しています。ただし、調達した資金のすべてを使って自身が使用するために所有する財を購入することはありません。株主や債権者から調達した資金は、営業取引（利益を獲得・分配する活動）に用いられ、商品や**債権**（将来における財産のプラス）という資産にも変換されています。なお、資産の内容は、一定の基準に基づいて、**流動資産**と**固定資産**に分類されています。さらに、資産には、資金を運用する活動としてではなく、会計における利益計算の都合のため掲載されている**繰延資産**という種類も存在しています。負債も、資産と同じように、一定の基準に基づいて、**流動負債**と**固定負債**の２つに分類されています。

　このような貸借対照表に掲載される企業における財産の状態を示す構成要素に対して、損益計算書には、利益を獲得・分配する活動を示すものとして、**収益（Revenue）**および**費用（Expense）**という構成要素が掲載されています。収益とは、**図表11-7**で示している①資金を稼ぐ活動であり、具体的には、商品の販売や有価証券、固定資産の売却に伴って生じる資産の正味増加

部分を指しています。一方、費用とは、②資金を使う活動であり、商品の購入、給料などの販売費および一般管理費の支払、利息の支払、納税、配当を意図しています。つまり、損益計算書には、企業がどのような活動によって、資金を稼ぎ出し、どのような活動に資金を支出したのかが掲載されているのです。当然、稼ぎ出した資金が、支出した資金よりも大きければ、企業活動は成功し、利益が生まれたことになります。したがって、損益計算書では、活動の質ごとに利益を掲載する方法が用いられています。

　そして、株主への配当を行った後の最終的な余剰として企業に残された利益は、最初に株主から出資された資金とともに、次の期間の元手として使用されます。したがって、貸借対照表に計上される純資産には、株主から出資された資金部分と企業が獲得した利益をプールした資金部分から構成されているのです。前者は、資本金、資本準備金であり、後者は、利益準備金、その他の剰余金です。

参考文献

- Soll, J. [2014] *The Reckoning: Financial Accountability and the Rise and Fall of Nations*, Basis Books.（村上章子訳 [2015]『帳簿の世界史』文藝春秋）
- 石嶋芳臣・岡田行正編著 [2018]『経営学の定点（増補改訂版）』同文舘出版。
- 武田隆二 [2008]『会計学一般教程』中央経済社。

学習の後に読むべき本

- 川本淳・野口昌良・勝尾裕子・山田順平・荒田映子 [2015]『新版　はじめて出会う会計学』有斐閣アルマ。
- 谷武幸・桜井久勝 [2009]『1からの会計』碩学舎　中央経済社。
- 伊藤邦雄 [2018]『新・現代会計入門』日本経済新聞社。

第 12 章

コーポレート・ファイナンス
効果的なお金の使い方を考える

SUMMARY

この章では、企業におけるお金の流れを概略的に把握します。その上で、コーポレート・ファイナンスの対象が、資本調達決定や投資決定、配当政策といったお金の流れに関わる企業の意思決定であることを理解していきます。加えて、コーポレート・ファイナンスの学びを効果的に進めていく上で必要となる関連分野の学びを紹介していきます。

12-1　企業の生産プロセス
――企業活動と経営資源の関わり

　企業は、各種の経営資源（ヒト、モノ、カネ）を技術的に変換して、製品やサービスを作り出し、利益を追求する存在です。この一連の過程を描いたものを**生産プロセス**といい、**図表 12 − 1**のように示されます。**図表 12 − 1**を通じて、私たちは、下記の4つのことを理解することができます。

　第1は、企業の中心が、製品やサービスを生産し、顧客に販売することにあるという点です。その意味において、「どのような顧客層（製品・サービス市場）に対して、どのような製品やサービスを、どのような形で提供していくか」を問題とする経営戦略やマーケティングが、経営学における中心的領域となります。

　第2は、企業の活動が製品やサービスの生産・販売だけで完結するわけではないという点です。**図表 12 − 1**に示すように、生産・販売活動の前後には、いくつかの活動が存在します。つまり、何もないところから製品やサービスを作り出せないし、製品・サービスを作り出して終わりというわけではないのです。製品やサービスを作り出すためには、そのもととなる原材料や設備といったモノが必要であり、これらモノを企業内に取り込む購買や投資といった活動が必要になるのです。また、これらのモノを組み合わせたり、動かすヒトも必要であり、これらのヒトを取り込む雇用という活動が必要となります。そして、これらモノやヒトという経営資源を維持・獲得していくためには、何よりカネという資源が必要であり、そもそものところで**資本調達**が不可欠となることが理解できます。

　一方、製品やサービスを販売して顧客の手に届けて終わりというわけでもありません。掛売などによって製品やサービスが販売される場合には、その後に売上代金の回収が必要となりますし、一連の活動の良し悪しを評価するためにどれくらいの利益が生み出されたのかを把握する必要もあります。

　第3は、企業が様々な市場と関わり、市場と関わるべく様々な活動を行っ

図表12-1｜企業の生産プロセス

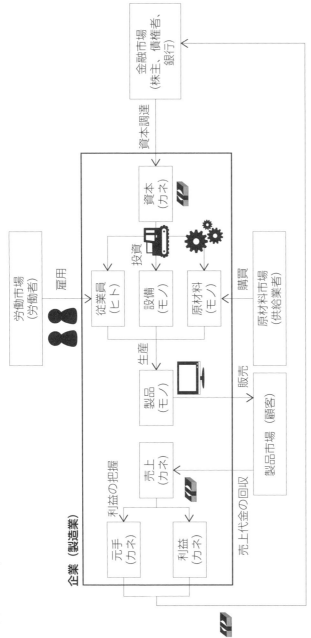

利息、元本の返済（銀行や債権者に対して）
配当：利益の一部を、配当として配分（株主に対して）

出所：筆者作成。

ているという点です。すでに見てきたように、企業は、生産・販売の前後に、経営資源に関するいくつかの活動を行っています。そこで、人という経営資源を獲得するために労働市場と関わり、原材料を獲得するために原材料市場で供給業者と向き合い、資本を獲得するために、**金融市場**で株主や債権者、銀行と向き合っているのです。それぞれの市場、それぞれの市場に係る意思決定が、経営学の領域において細分化された各分野で問題とされます。たとえば、お金に関する事柄を扱う**コーポレート・ファイナンス（Corporate Finance）**では、金融市場や金融市場との関わりの中で生じる意思決定が問題となります。

　第4は、企業の活動が、**お金に始まり、お金に終わるプロセス**になっているという点です。企業は、金融市場を介して集められたお金を元手に、雇用・購買・投資を行い、事業に必要な経営資源をそろえていきます。その経営資源を用いて、企業は製品やサービスを生産し、これを顧客に販売することで、売上というお金を手にし、金融市場に還元していくのです。誤解を恐れずにいえば、資本主義社会において、企業は、お金を投入要素として、投入した以上のお金を、ビジネスを通じて生み出すことを狙う、いわばマネーマシンとして解されるのです。

12-2　企業におけるお金の流れ

1　企業におけるお金の流れ

　コーポレート・ファイナンスは、文字通り、企業のファイナンスです。ファイナンスをお金の流れ、お金の流れに関する意思決定と捉えると、コーポーレート・ファイナンスで問題となるのは、企業におけるお金の流れと理解できます。そこで、お金の流れに着目して**図表12-1**で示す企業の生産プロセスを描きなおすと、**図表12-2**のようになります。

図表 12-2 │ 企業におけるお金の流れ

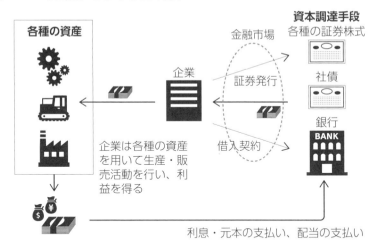

出所：筆者作成。

図表 12-3 │ 財務諸表への記録

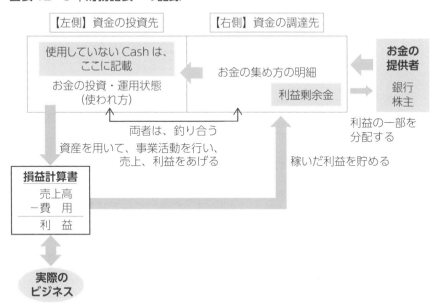

出所：筆者作成。

企業は、事業活動に必要な資産の購入のための**資本（Capital）**を、**株式（Stock）**や**債券（Bond）**といった有価証券（Securities）を発行することによって、あるいは銀行と借入契約を結ぶことによって調達します。調達した資本は、投資され、事業活動のための資産に振り替わります。企業はこれら資産を利用して、事業活動を行い、投資した資本の回収と利益の獲得を図ります。回収した資本の一部は、利息の支払いや借入金の返済という形で債権者や銀行に向かい、獲得された利益の一部は、**配当（Dividend）**という形で株式の保有者（**株主：Shareholder**）に向かうことになります。

　そして、一連の循環の中で投資されたお金以上のものが生み出されるか否か、またどれだけの大きさの金額が生み出されるかによって、**企業価値（Enterprise Value/Corporate Value）**が測定され、企業の良し悪しが判断されることになります。

2 ｜ お金の流れの記録

　上記のお金の流れは、**図表12－3**に示すように、**貸借対照表（Balance Sheet）**、**損益計算書（Profit and Loss Statement）**といった財務諸表によって表されます。

　これまでの資本調達の結果や投資決定の結果として、企業が現在時点において、現時点で、どこからいくらのお金を集めているのかを貸借対照表の右側に記載し、そのお金をどのような資産に振り替えて保有しているかを貸借対照表の左側で記載するのです。

　企業は、これら保有資産を使って、一定期間に製品やサービスを顧客に販売して、総額でいくらを受け取ったかを売上高として示し、生産・販売活動を中心とした活動でいくらのお金を費やしたかを費用として示し、「売上高－費用」の形で、利益を計算します。このような形式で作成された利益計算の書類を損益計算書といいます。

12-3 コーポレート・ファイナンスの対象

　コーポレート・ファイナンスで問題となるのは、企業におけるお金の流れであり、そのお金の流れを生み出す意思決定となります。

　コーポレート・ファイナンスでは、企業の中で特に大きなお金の流れを生み出す3つの意思決定、①**資本調達決定（Financing）**、②**投資決定(Investment)**、③**配当政策（Dividend Policy）**を、特に問題とします。

1 ｜ 資本調達決定

　資本調達決定とは、事業活動に必要なお金を集める意思決定で、お金の流入に関する意思決定です。実際の企業での問題でいえば、「どこから、いくらのお金を、どういった金融商品（株式、債券、銀行借入など）で、どういった条件で集めるのか」という問題に関する意思決定です。また、ある一定のお金を集めるとして、そのうちいくらを株式で、いくらを債券で集めればよいかという、調達資本の組み合わせ方（**資本構成：Capital Structure**）を問題とします。

2 ｜ 投資決定

　投資決定とは、調達したお金を、設備導入やプロジェクトの実行のために使う意思決定で、お金の流出に関する意思決定です。実際の問題でいえば、候補となるプロジェクトのうち、どのプロジェクトに投資をするのかという問題に対する意思決定です。学問的には、その投資決定の可否を決めるためのプロジェクトの評価問題、すなわち候補となるプロジェクトの良し悪しをどのように評価すればよいのかを考えていきます。

3 | 配当決定

　事業活動を通じて生み出した利益を、配当として株主に分配する意思決定であり、お金の流出に係る意思決定となります。具体的にいえば、稼いだ利益のうち、どれくらいを配当として株主に分配し、社内にどれくらい残すのかという問題になります。

4 | 意思決定の基準：企業価値の創造

　コーポレート・ファイナンスでは、上記のような意思決定を行う際の基準として、「企業価値の創造」を置きます。そして、意思決定に際しては、「企業の価値が高まるのであれば、実行しましょう」、「企業価値が損なわれるのであれば、やめておきましょう」、「プランAとプランBを比較して、プランAの方がより企業価値を高めるのであれば、プランAを実行しましょう」と考えます。では、どのような場合に、企業価値が高まるのでしょうか。

12-4　資本コストに基づく意思決定

1 | 資本提供者の存在を意識する

　図表12-4は、**図表12-2**を書き換えたものです。企業は、資本を調達し、それを様々な用途に投下し、事業活動を行います。

　ここでまず理解してほしいことは、「企業が資本を調達している」ということが、見方を変えれば「株主や債権者、銀行といった資本提供者が企業に資本を提供している」ことを意味するということです。つまり、企業の背後には、その企業に資本を提供している者が存在しているということです。

　2つ目に理解してほしいことは、これら資本提供者は、決してタダで資本

図表 12-4 ｜ 資本コスト概念

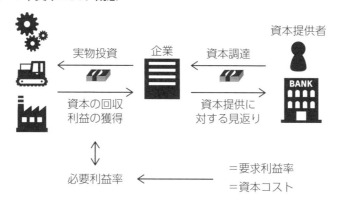

出所：筆者作成。

を提供することはないということです。なぜなら、企業への資本提供によって、資本提供者は①その分のお金を自由に使うことができなくなるし、②提供したお金が将来、期待通り、返ってくるかどうかは、その企業の事業の成否にかかっており、少なからずリスクを負担することになるからです。

　そのため、資本提供者は、企業に対する資本提供に際して、こうした不利益に見合った見返りを求めることになります。これを、**要求利益率**といいます。これを企業から見たものを、資本利用に際して考慮しなければならない費用という意味で、**資本コスト（Cost of Capital）**といいます。学習初期の段階では、「要求利益率・資本コスト＝お金を貸す・借りる際の利息」と考えてもらっていいでしょう。

2 ｜ 資本コストを意識した投資決定

　このように、資本提供者は資本提供に際して見返りを要求します。そのため、企業は、資本提供者の求める見返りを提供できるかどうかを考えながら、調達資本を使っていかなければならないということになります。この時、資

本コストが各種の投資や事業活動における必要利益率として機能します。

たとえば、資本提供者の要求利益率が5％である場合、資本の使用者（企業）は、投資（その後の事業活動）を通じて5％以上の利益を上げる必要があるということになります。このような状態で、6, 7, …10％の利益率を達成できたなら、資本提供者の要求水準以上の利益率が達成できたことになり、**企業の評価：企業価値**は上がります。

逆に、5％の要求利益率・必要利益率を達成できないようなお金の使い方をした場合、どのような評価が下されるでしょうか？　たとえば、5％で銀行からお金を借りて事業を行う場合に、3％の利益しか上がらない事業を行うとどのようなことが起こるでしょうか。5％＜3％ですから、要求される利息を支払えず、自身の評価は大きく損なわれることになるでしょう。企業でも同様です。資本提供者の要求水準を満たせない企業は、資本提供者からの評価が下がり、企業価値が下がることになります。

ですから、投資決定においては、資本コストを上回る案件に投資をし、下回る案件には投資をしない、資本コストを下回る案件からは手を引くということになります。コーポレート・ファイナンスでは、このような状態を達成するような投資決定の方法について考察します。

3 ｜ 資本コストを意識した資本調達決定

資本提供者の要求利益率が5％である場合、3％の利益率の投資案件を実行すべきではありません。けれども、資本提供者の要求利益率が1％であった場合には、どのようになるでしょうか。

「投資案件の利益率：3％＞資本提供者の要求利益率：1％」ですので、実行するに値する案件となります。このように、投資案件の良し悪しは、資本提供者の要求水準の高低によっても変わってきます。そのため、資本調達決定においては、資本提供者の要求水準を引き下げる方法や資本の組み合わせ方が検討されることになります。また、5％の利益率の投資案件に対して資

本提供者の要求水準を5％から4％に引き下げることができれば、同じ投資案件でも1％の差異が生じ、同じ案件の実行でもさらなる価値を生み出せることになります。

このように、資本コストを上回る投資案件に投資を行う一方で、資本調達の方法を工夫することで資本コストの引き下げを図ることが、コーポレート・ファイナンスの目指すところとなります。

12-5 コーポレート・ファイナンスの学びを実りあるものにするために必要となる知識

1 会計学的な知識

企業のお金の流れに関わる意思決定を論じるためには、企業の事業活動や企業の状態を貨幣単位で表現した財務諸表（①貸借対照表、②損益計算書、③キャッシュ・フロー計算書）の基本的な読み方やそこで記載される用語について、理解しておく必要があります。さらには、これら財務諸表に記載される数値を用いた各種の分析手法（経営分析）についても理解しておくのが望ましいでしょう。

こうした知識を扱う科目は、**財務諸表論**、**財務会計**、**管理会計**、**経営分析**などの会計関連科目となります。

図表12－5は、いわゆる会計の範囲と運転資本管理、コーポレート・ファイナンスの領域を示したものです。**図表12－5**に示すように、会計とコーポレート・ファイナンスの違いは時間軸にあります。会計は、これまでの意思決定の結果を、どのように貨幣価値で記録して表現すれば、企業の状態を的確に表すことができるのかを問題とします。これに対して、コーポレート・ファイナンスは、将来に向けたお金に係る意思決定そのものを問題とするという点に違いがあります。

図表12-5 | 会計とコーポレート・ファイナンスの関係

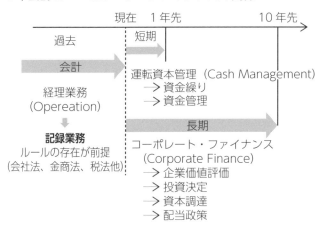

出所：岸本ほか［2015］2頁を筆者修正。

2 | 株式会社制度に関する知識

　企業のお金の流れに関わる意思決定を論じるためには、意思決定の主体である株式会社そのものについての理解が必要となります。

　コーポレート・ファイナンスでは、株式会社の所有者が株主であることから、株主からみた**企業価値の最大化**（株価の最大化）を、企業の追求すべき企業目的として、種々の意思決定の基準としています。そのため、コーポレート・ファイナンスの円滑な理解のためには、資本主義社会における株式会社の制度的位置づけについて理解しておくのが望ましいでしょう。

　これらの知識を扱う科目は、**企業論**や**会社法**です。加えて、「企業は誰のものか」を問う**コーポレート・ガバナンス**も、コーポレート・ファイナンスと接点を持った科目となっています。

3 | ファイナンスに関する知識

　コーポレート・ファイナンスでは、企業におけるお金の流れ、お金の流れに関わる意思決定を論じます。ですから、世の中におけるお金の流れ方についての理解、ファイナンスに関する知識が必要となります。ファイナンスでは、お金のやり取りにおける基本的なルール（**リスク−リターンの関係**、**貨幣の時間価値**）、企業から見て資本調達手段となる株式や債券といった金融商品の特徴についての学習が行われます。

　これらの知識を扱う科目は、**ファイナンス**や**証券論**、**金融論**などです。

　ここまでにあげた科目を学び、コーポレート・ファイナンスの理解を深めていきましょう。

参考文献
- 岸本光永・昆政彦・大田研一・田尾啓一［2015］『トレジャリー・マネジメント』中央経済社。

学習の後に読むべき 本
- 石野雄一［2007］『ざっくり分かるファイナンス　経営センスを磨くための財務』光文社新書。
- 保田隆明［2008］『実況LIVE　企業ファイナンス入門講座—ビジネスの意思決定に役立つ財務戦略の基本』ダイヤモンド社。
- 砂川伸幸・杉浦秀徳・川北英隆［2008］『日本企業のコーポレート・ファイナンス』日本経済新聞出版社。
- 朝倉祐介［2018］『ファイナンス思考　日本企業を蝕む病と、再生の戦略論』ダイヤモンド社。

第 13 章

管理会計
会計情報で経営者を支援する

SUMMARY

本章では、企業経営における管理会計の役立ちを初め、管理会計において重要な概念であるマネジメント・コントロール、管理会計と原価計算の関係について解説します。また、財務尺度だけではなく、経営戦略の策定と実行に重要な非財務尺度を統合したマネジメント・システムであるバランスト・スコアカードについて述べます。管理会計を効果的に学習するためには、簿記(商業簿記・工業簿記)、財務会計、原価計算といった科目を合わせて学習することで、より理解が深まるでしょう。

13-1 企業経営における管理会計の役立ち

1 企業経営のPDCA

　日本にはいくつの企業があると思いますか？　中小企業庁［2018］の『中小企業白書2018年版』によれば、約382万社（2014年現在）が国内に存在しています。このうち99.7％を中小企業が占めています。大企業、中小企業を問わず、トップマネジメントと呼ばれる経営者たち（取締役会、社長、CEO等）の重要な仕事の1つは、企業の目的を達成するために**経営戦略**を策定して、確実に実行することにあります（経営戦略の詳細な定義については第9章を参照してください）。

　少々言い過ぎかもしれませんが、日本企業の経営戦略というのは**中期経営計画**とほぼ同義と捉えることができます。中期経営計画とは、外部環境を考慮しながら企業が達成したい将来の目標を示した決意表明の計画です。業種によって多少の違いはありますが、一般に短期は1年、中期は3年、長期は5年以上という時間軸があります。つまり、中期経営計画は3年先の企業の将来像を描いた計画のことをいいます。

　中期経営計画の内容にはどのような**成果指標（KPI）**が掲げられているでしょうか？　生命保険協会「株主価値向上に向けた取り組みについて（平成29年度版）」の上場企業に対する調査によれば、中期経営計画で公表している重要な成果指標は何かという問い（複数選択可能）に対して、上位3つの成果指標は①**ROE（自己資本利益率）**、②利益額・利益の伸び率、③売上高・売上高の伸び率でした。アンケートに回答した上場企業1,136社のうち約78.3％の企業が、中期経営計画を公表しており、その中で複数の成果指標を公表しています。

　ROEが重要な成果指標としている企業が最も多い背景には、経済産業省［2014］が公表した「『持続的成長への競争力とインセンティブ：企業と投

資家の望ましい関係構築』プロジェクト最終報告書」（通称、伊藤レポート）の存在が大きいといわれています。具体的には、「資本主義の根幹をなす株式会社が継続的に事業活動を行い、企業価値を生み出すための大原則は、中期的に資本コストを上回る ROE を上げ続けることである。（中略）最低限 8% を上回る ROE を達成することに各企業はコミットすべきである」という内容が公表されてから、実務界において ROE 経営を標榜する企業が増えてきました。先に示しました生命保険協会の調査によれば、2017 年度の日本企業の ROE は 8.0%、アメリカ企業は 13.5% でした。

さて、中期経営計画にしたがって、経営者はヒト・モノ・カネといった限りある経営資源を何に配分するかを決めます。将来行うべき行動の計画を設定し **(Plan)**、設定した目標を実行し **(Do)**、目標値と実績値の差異のチェックを行い **(Check)**、必要に応じた修正を行い **(Action)**、その修正を再び実行するという活動を行います。このような一連の活動を経営活動といいます。経営活動は一般的に、**PDCA サイクル**ともいいます。経営管理の最も基本的なことは、いかに組織内部で PDCA サイクルがきちんと回すための仕組みづくりと実践を行うかです。

2 ｜ 管理会計の目的

管理会計 (Management Accounting, Managerial Accounting) とは、戦略を策定し、経営意思決定とマネジメント・コントロール、および業務活動のコントロールを通じて経営者を支援する会計です（櫻井 [2019] p.11）。管理会計の基本的な目的は、経営者の意思決定に有用な情報を提供することです。このことを**目的適合性** (Relevance) といいます。経営者が求める要請に情報が適合していなければ、それは役に立たないばかりか意思決定を誤らせてしまうこともあります。目的適合性は、管理会計において重要な概念です。

学問としての管理会計は 1924 年にアメリカのシカゴ大学の教授であった

マッキンゼー（McKinsey, J.O.）によって体系づけられました。マッキンゼーは世界を代表するコンサルティング会社であるマッキンゼー・アンド・カンパニーを創設した人物でもあります。管理会計は、企業だけでなく非営利組織である国、地方公共団体、地方公営企業にも適用されています。

管理会計は**経営計画とコントロールのための会計（Management Planning and Control）**ともいわれるように、経営者が行う経営管理の機能を遂行するための会計ツールです。近年では第4節で紹介する**バランスト・スコアカード**が登場してからというもの、管理会計の役割に経営戦略の策定までを含めるようになってきました。加えて、近年では**統合報告（Integrated Reporting）**における価値創造プロセスを実現するための情報利用・情報開示は、企業価値の創造に資する経営管理上重要な意義を持つため、管理会計が果たす役割期待が高まっています。

13-2　マネジメント・コントロール・システム

1　マネジメント・コントロールの意義

企業規模が大きくなるにつれて、数多くの人が組織の中で働くようになりました。しかし、Span of Control という言葉があるように、1人の人間が数多くの人間に指示を与えたり、情報を収集することは不可能です。そこで、従業員は経営者が考えていることを共有し、それを達成するように協力する仕組みが求められるようになってきました。このような理由から、**マネジメント・コントロール**という概念が誕生しました。

マネジメント・コントロールは、1960年代にハーバード大学の**アンソニー（Anthony, R.N.）**が提唱したことが始まりとされています。当時のマネジメント・コントロールの定義は、組織目的の達成のために資源を効果的かつ効率的に取得・利用することを経営者が確保するプロセスとされました。当時

のマネジメント・コントロールが意図していたのは、経営資源の効果的な活用にありました。時代を経て、「マネジメント・コントロールは組織戦略を実行するためにマネジャーが組織のほかのメンバーに影響を与えるプロセス」（Anthony & Govindarajan［2007］）と定義が修正されるに至りました。アンソニーがマネジメント・コントロールを提唱した時から、常に重要な視点となっているのは戦略との関わりです。

　管理会計とマネジメント・コントロールの違いはどこにあるのでしょうか？「欧米では管理会計という用語よりも、マネジメント・コントロールという用語の方が浸透してきている。要するにマネジメント・コントロールとは戦略を実行するためのマネジメント・システムであり、管理会計のように会計という縛りがない。そのため、管理会計情報とは何かという議論はそれほど重要ではなくなり、戦略の実行に有用かどうかが意味を持ってくる。またマネジメント・コントロールに変えると、フォーマルな情報だけでなく、インフォーマルな情報も重要」になるといわれています（伊藤［2008］p.22）。

2 ｜ 企業予算の機能と責任会計制度

　管理会計において**予算管理**は、責任会計制度に基づくマネジメント・コントロール・システムです。予算管理は階層化した分権的組織を統合するための手段として不可欠なツールです。**責任会計 (Responsibility Accounting)** とは、会計システムを管理上の責任に結びつけ、職制上の責任の業績を明確に規定することによって、管理上の効果が上がるように工夫された会計制度です。経営者は、責任会計を実施するために、責任会計制度における経営組織上の構成単位である責任センター（責任中心点）の業務活動に責任を持ちます。

　責任会計では、責任センターに焦点を向けて、管理可能下にある業績の結果（実績）を計画値（予算）と対比・測定します。典型的な責任センターは、原価センター、利益センター、投資センターがあります（櫻井［2019］p.54）。

① 原価センター　　：自己の管理下にあるセグメント（一般には部門）で
　　（Cost Center）　　発生した原価についてのみ責任を負う組織のこと。
② 利益センター　　：原価責任だけではなく、アウトプットである収益の
　　（Profit Center）　責任をも評価対象に含められ、収益と費用の差額と
　　　　　　　　　　　しての利益によって業績が評価される組織のこと。
③ 投資センター　　：経営者が原価と収益だけでなく、投資額も管理する。
　　（Investment　　投資センターでは、利益だけでなく利益を生み出す
　　　Center）　　　のに利用された投下資本の利用度ないし投資効率が
　　　　　　　　　　測定・評価されます。

　予算管理は、**予算編成**と**予算統制**からなります。予算編成では、利益計画に基づいて次年度予算が編成されます。予算の期間は1年です。予算管理では、月次、四半期ごとに予算の実績報告が行われます。予算編成の後、設定した予算が意図した通りに実行されたかの活動を測定し、評価する必要があります。このような活動を予算統制といいます。

　一般に企業では中期経営計画を受け、**利益計画**が設定されます。利益計画は次年度の目標とする利益をいくらにするか、またどのように実現するかを計画した短期の計画です。目標利益をいくらにするかについては、第3節で述べる損益分岐点分析が活用されます。予算編成では、企業の各部門の具体的な計画を貨幣額で表示し、目標利益の実現に関わらせて編成されます。中期経営計画、利益計画、予算管理の関係を示しているのが**図表13-1**です。

　企業における予算の役割は、利益計画を実現することにあります。そのため、予算の経営管理上の機能として①**計画設定機能**、②**調整機能**、③**統制（コントロール）機能**という3つの機能があります。具体的には、計画設定機能とは、企業の各業務の具体的な計画を貨幣額で表示し、責任の所在を明らかにすることです。調整機能とは、全社的な目標と各部門との目標に整合性を持たせるために、部門間とのすり合わせを行うことです。統制機能とは、

図表 13 − 1 ｜ 中期経営計画と予算管理の関係

中期経営計画
- 一般的に 3 年先の企業の将来計画
- 上場企業の約 78.3%の企業が公表

↓

利益計画
- 中期経営計画を受け、目標利益の実現のために立案される実行計画

↓

予算編成
- 利益計画を基礎として予算編成方針が部門に伝達され、各部門と調整しながら目標利益の実現を計画する活動

↓

予算統制
- 設計された計画が意図した通り実行されたかをコントロールする活動。計画値と実績値との差異を分析し分析結果を将来の計画にフィードバックする活動

出所：筆者作成。

設定された計画が意図した通りに実行されているかをコントロールすることです。コントロールを通して業績評価を行うことができます。業績評価につながるということは、予算は個々の担当者が業績をあげるよう動機づけるための手段となります。

13-3 管理会計と原価計算の関係

1 原価計算の目的

　原価計算には、製品の価格を算定するための基礎として原価を計算するという固有の目的があります。そのほかに、財務諸表を作成するという目的などがあります。しかし、現代の原価計算は、とりわけ原価計算を活用して経

営活動を計画・コントロールする役割があります。日本には1962年に企業会計審議会で**原価計算基準**（以下、「基準」）が設定されました。

「基準」において原価とは「経営における一定の給付にかかわらせて、は握された財貨又は用役の消費を、貨幣価値的に表したものである」（第一章（三））と定義されています。**図表13-2**は、財務会計、管理会計、原価計算の関係を表しています。「基準」に示されている原価計算の主な目的は、次の通りです。

① 財務諸表作成目的：企業の出資者、債権者、経営者等のために、過去の一定期間における損益ならびに期末における財政状態を財務諸表に表示するために必要な真実の原価を集計すること。
② 価格決定目的：価格計算に必要な原価資料を提供すること。
③ 原価管理目的：経営管理者の各階層に対して、原価管理に必要な原価資料を提供すること。
④ 予算管理目的：予算の編成ならびに統制のために必要な原価資料を提供すること。
⑤ 経営意思決定目的：経営の基本計画を設定するに当たり、これに必要な原価情報を提供すること。

図表13-2｜財務会計、管理会計、原価計算の関係

出所：筆者作成。

2 会計情報を経営管理に活用する

　会計情報を経営に活かすためには、初めに原価を分類することが必要です。原価を分類する基準にはいくつかあります。たとえば、①**形態別分類**（原価発生の形態による分類。（例）材料費、労務費、経費）、②**機能別分類**（原価が経営上のいかなる機能のために発生したかによる分類。（例）主要材料費、作業種類別直接賃金、各部門の機能別経費）、③**製品との関連分類**（原価の発生が一定単位の製品の生成に関して直接的に認識されるかどうかの性質上の区別による分類。（例）直接費、間接費）、④**操業度との関連分類**（操業度の増減に対する原価発生の態様による分類。（例）固定費、変動費）などがあり、必要に応じて使い分けます。ここでは、操業度に基づく原価分類を取り上げます。

　原価を操業度との関連によって大別すると、固定費と変動費に分けることができます。操業度とは営業量とも呼ばれ、生産設備を一定とした場合におけるその利用度を指します。たとえば、売上高、生産量、販売量、作業時間などがあげられます。

　固定費とは、操業度の増減にかかわらず変化しない原価要素です。代表的な固定費は減価償却費、固定資産税、保険料、賃借料、リース料などです。**変動費**とは、操業度の増減に応じて比例的に増減する原価要素です。代表的な変動費は、材料費、外注費などです。

　固定費、変動費以外にも、ある範囲の操業度の変化では固定的であり、これを超えると急増し、再び固定化する原価要素を**準固定費**といいます。代表的な準固定費は監督者給与、検査工の賃金などです。また、操業度がゼロの場合にも一定額が発生し、同時に操業度の増加に応じて比例的に増加する原価要素を**準変動費**といいます。代表的な準変動費は、電気料、水道料、ガス代、電話代などがあります。**図表13-3**は、操業度に基づく原価分類を表しています。

図表13-3｜操業度に基づく原価の分類

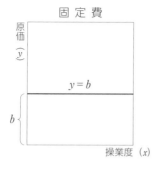

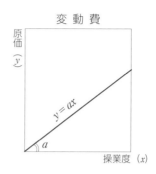

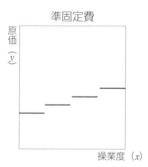

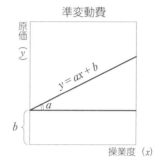

出所：櫻井［2019］p.101。

3 ｜ 損益分岐点分析

　経営者は利益計画の設定段階で、目標利益を達成するためにいくらの売上高が必要になるか、原価をいくら引き下げなければならないかを計画します。利益計画を支援するためのツールの1つに、**損益分岐点分析（Break-Even Analysis）** があります。損益分岐点分析は、**CVP分析（Cost-Volume-Profit Analysis）** とも呼ばれます。損益分岐点では、売上高と総原価が等しくなり、利益と損失がゼロになります。収入と支出の差がなく、「収支がとんとんになる」というのはこの状態を指します。

　図表13-4から、損益分岐点図表を作成するためには、まず正方形の原点

図表 13 – 4 ｜ 損益分岐点図表

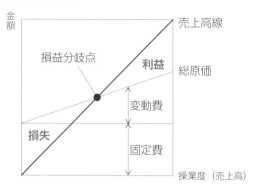

出所：筆者作成。

から横軸に**操業度線**（図表では**売上高**）を引きます。縦軸は金額（**原価**）をとります。次に、正方形の対角線に 45 度線の**売上高線**を引きます。固定費線を操業度線と平行になるよう線を描きます。そのうえに、売上高が変化すると総額で比例的に変動する変動費線を引きます。売上高線と**総原価線**が交わる点が損益分岐点です。

損益分岐点分析の代表的な算定式は、以下の通りです。

$$損益分岐点売上高 = \frac{固定費}{1 - \dfrac{変動費}{売上高}}$$

※ 変動費率＝変動費÷売上高
※ 限界利益率＝ 1 －変動費率

$$損益分岐点売上高 = \frac{固定費}{限界利益率}$$

実際に金額を入れて計算してみましょう。

[設例]

　HGU社の来年度の売上高が2,000,000円、変動費1,000,000円、固定費1,400,000円と見込まれている。限界利益率および損益分岐点売上高を算定しなさい。

〔解答〕

$$限界利益率 = 1 - \frac{1,000,000}{2,000,000} = 0.5$$

$$損益分岐点売上高 = \frac{1,400,000}{0.5} = 2,800,000 円$$

　損益分岐点分析を通して利益を増加させるためには、①販売単価（価格）をあげる、②単位当たり変動費を下げる、③操業度（販売数量）をあげる、④固定費を下げるといった方策があります。経営環境の変化を考慮して、それぞれの要素の値を変えたら利益にどのような影響が与えるか。そのために行われる分析を**感度分析**といいます。

13-4　バランスト・スコアカード

1　バランスト・スコアカードの意義

　バランスト・スコアカード（Balanced Scorecard：BSC） は、財務業績はあくまでも結果であり、それに至る顧客満足、卓越した業務プロセス、従業員の能力といった非財務業績の向上があって初めて財務につながるという因果関係に基づいたマネジメント・システムです。1992年にハーバード大学の**キャプラン（Kaplan, R.S.）** とコンサルタントの**ノートン（Norton, D.P.）** によって提唱されました。BSCが導入されているのは営利組織だけではなく、自治体や病院などの非営利組織にも数多く導入されています。

企業がBSCを導入する主要な目的は、①戦略を策定し実行するためのマネジメント・システム、②成果に連動させた業績評価システム、③経営品質の向上等のためです。BSCでは戦略を可視化するために戦略マップを活用します。そして、戦略実行の進捗をスコアカードによって測定して管理します。BSCが提案される以前は、戦略は抽象的なものであり、現場の業務活動とは結びつかないという理解が一般的でした。

2 戦略策定のマネジメント

　戦略マップ（Strategy Maps） は、戦略を記述するための論理的で包括的なフレームワークです。戦略マップによって、企業が求める成果がどうしたら得られるかについての戦略の仮説が提供されます。戦略マップの基本構造では、戦略が4つの視点で描かれています（**図表13-5**）。

　財務の視点は、ステークホルダーのうち株主や金融機関を意識して戦略目標を設定される視点です。**顧客の視点**は、顧客などのステークホルダーに対して価値提案を提供するために設定される視点です。**価値提案**とは、どのような製品を、いくらで、どのようなサービスで販売するかという属性の組み合わせのことをいいます。**内部プロセスの視点**は、顧客への価値提案を達成するために、ビジネス・プロセス（仕事の流れ）をどのように構築しなければならないかを明らかにするための視点です。**学習と成長の視点**は、戦略を実現するインフラとして準備しておかなければならない人的資本、情報資本、組織資本からなるインタンジブルズ構築を明らかにするために設定される視点です。

　図表13-5から、財務の視点では、収益増大戦略と生産性戦略が示されています。これに対して、顧客の視点で明らかにされる価値提案は、ターゲット顧客に対して提供する製品／サービスの属性、顧客との関係性、イメージの独自の組み合わせを示すことにあります。内部プロセスの視点は、4つの戦略テーマに分類されます。第1は、業務管理のプロセスであり、最

図表13−5｜戦略マップの基本構造

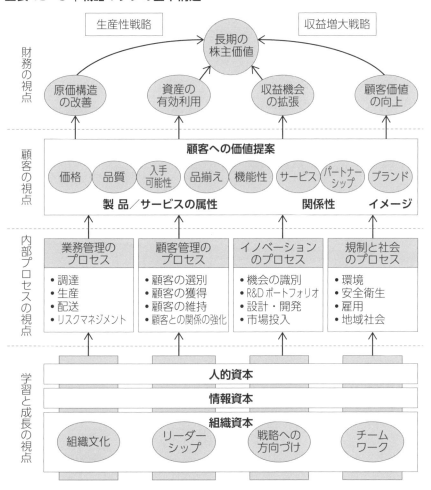

出所：Kaplan & Norton [2004] p.11, Figure 1-3.

低のトータル・コストという価値提案を実現するために、製品とサービスを生産し顧客に提供するプロセスです。第2は、顧客管理のプロセスであり、完全なソリューションという価値提案を提供するために、顧客価値を向上させるプロセスです。第3は、イノベーションのプロセスであり、製品リーダーシップという価値提案を提供するためのプロセスです。第4は、規制と社会のプロセスであり、規制と社会に則った行動をすることで企業のレピュテーション（評判）などを向上するためのプロセスです。

　学習と成長の視点は、**インタンジブルズ**（ブランドやレピュテーション（評判）などの無形の資産）を構築するために設定されます。BSCが想定するインタンジブルズは人的資本、情報資本、組織資本からなります。人的資本は、戦略を支援するのに必要とされるスキル、ノウハウの利用可能性です。情報資本は、戦略を支援するのに必要な情報システム、ネットワーク、およびインフラの利用可能性です。組織資本は、組織文化、リーダーシップ、チームワークなどであり、戦略を実行するのに必要な変化のプロセスを活用し維持する組織能力のことをいいます。

3 戦略実行のマネジメント

　戦略の進捗を管理する**スコアカード**は、戦略マップで掲げられた戦略目標を、尺度、目標値へと変換します。そして、スコアカードにおける尺度の目標値と実績値のギャップを埋めるための具体的な手段が**戦略的実施項目**です。戦略的実施項目は戦略実行に効果的な手段であり、スケジューリングと予算によって管理されます。**図表13-6**は、サウスウエスト航空のバランスト・スコアカードが描かれています。ここでの戦略は、内部プロセスの視点の「地上での迅速な折り返し」を改善することで、最低のトータル・コストを価値提案とする業務管理のプロセスを再構築することを表しています。

　業務管理のプロセスを実現するには、学習と成長の視点で、駐機場の担当者を迅速に業務ができるように育成し、担当者の配置などを支援する情報シ

図表13−6 │ バランスト・スコアカードの全体像

戦略マップ		戦略目標	スコアカード			
プロセス：業務管理 戦略テーマ：地上での折り返し			尺度	目標値	実施項目	予算
財務の視点	利益とRONA ↑　↑ 収益増大　機体の減少	・収益性 ・収益増大 ・機体の減少	・市場価値 ・座席の収益 ・機体のリース費用	・年成長率30％ ・年成長率20％ ・年成長率5％		
顧客の視点	より多くの顧客を誘引し維持 ↑　↑ 定刻の発着　最低の価格	・より多くの顧客を誘引し維持する ・定刻の発着 ・最低の価格	・リピート客の数 ・顧客数 ・連邦航空局定刻到着評価 ・顧客ランキング	・70％ ・毎年12％の増加 ・第1位 ・第1位	・CRMシステムの実施 ・クオリティ・マネジメント ・顧客ロイヤルティ・プログラム	・$XXX ・$XXX ・$XXX
内部プロセスの視点	地上での迅速な折り返し	・地上での迅速な折り返し	・地上滞在時間 ・定刻出発	・30分 ・90％	・サイクルタイムの最大活用	・$XXX
学習と成長の視点	戦略的な業務駐機場係員 戦略的システム係員の配置 地上係員の方向づけ	・必要なスキルの開発 ・支援システムの開発 ・地上係員の戦略への方向づけ	・戦略的業務のレディネス ・情報システムの利用可能性 ・戦略意識 ・地上係員の持ち株数数の割合	・1年目　70％ 　2年目　90％ 　3年目　100％ ・100％ ・100％ ・100％	・地上係員の訓練 ・係員配置システムの始動 ・コミュニケーション・プログラム ・従業員持ち株制度	・$XXX ・$XXX ・$XXX ・$XXX
					予算総額	$XXXX

出所：Kaplan & Norton [2004] p.53, Figure 2-10より「Balanced Scorecard」と「Action Plan」を1つにまとめ「スコアカード」と名称を筆者修正。

ステムを整備し、地上スタッフが戦略を実現しようと意識しなければなりません。つまり、内部プロセスの戦略目標を達成できるように、学習と成長の視点で準備しておかなければなりません。この準備度合いを評価することを**レディネス（Readiness）評価**といいます。レディネスとは、戦略の実行を支援する際の準備度合いを測定する概念です。

　スコアカードでは、それぞれの視点の戦略目標を達成するために尺度（または指標）が設定されます。この指標には遅行指標と先行指標があり、遅行指標とは、実行した後の事後的な成果を示す指標です。これに対して先行指標とは、遅行指標に成果がでる前に先行して現れるプロセスを示す指標です。

　たとえば、顧客獲得件数という指標について考えてみましょう。顧客獲得件数は、顧客訪問回数との関係で考えると遅行指標になりますが、顧客獲得件数は売上という遅行指標との関係では先行指標になります。

　スコアカードのすべての戦略目標には、遅行指標が少なくとも1つは設定しなければなりませんが、先行指標は必要に応じて設定されます。戦略の達成度を示すには遅行指標が必要であり、この遅行指標に変化が現れるのには時間がかかります。

参考文献
- Anthony, R.N. and V. Govindarajan [2007] *Management Control Systems 12th ed.*, New York：McGraw-Hill/Irwin.
- Kaplan, R.S. and D.P. Norton [2004] *The Strategy Maps：Converting Intangible Assets into Tangible Outcomes*, Boston：Harvard Business School Press.（櫻井通晴・伊藤和憲・長谷川惠一監訳 [2014]『戦略マップ：バランスト・スコアカードによる戦略策定・実行フレームワーク』東洋経済新報社）
- 伊藤和憲 [2008]「管理会計の40年」『専修商学論集』（専修大学学会）第88号、pp.13-23。
- 経済産業省 [2014]「持続的成長への競争力とインセンティブ：企業と投資家の望ましい関係構築」プロジェクト最終報告書」http://www.meti.go.jp/policy/economy/keiei_innovation/kigyoukaikei/pdf/itoreport.pdf〔最終閲覧日：2014年9月3日〕

- 櫻井通晴［2019］『管理会計　第七版』同文舘出版。
- 中小企業庁［2018］『中小企業白書 2018 年版：人手不足を乗り越える力　生産性向上のカギ』日経印刷。

学習の後に読むべき本

- 伊藤和憲［2014］『BSC による戦略の策定と実行：事例で見るインタンジブルズのマネジメントと統合報告への管理会計の貢献』同文舘出版。
- Smith, S.S.［2017］*Strategic Management Accounting：Delivering Value in a Changing Business Environment Through Integrated Reporting*. Business Expert Press, LLC.（伊藤和憲・小西範幸監訳［2018］『戦略的管理会計と統合報告』同文舘出版）
- 伊丹敬之・青木康晴［2016］『現場が動き出す会計』日本経済新聞出版社。
- Anthony, R.N.［1965］*Planning and Control Systems：A Framework for Analysis*, Boston：Division of Research, Graduate School of Business Administration, Harvard University.（高橋吉之助訳［1968］『経営管理システムの基礎』ダイヤモンド社）

あとがき
～経営学の学びは将来も続く～

　本書の読者対象は経営学の学びの入り口にいる人ですから、本書のみで各領域を理解するのに必要な基礎知識が網羅されているわけではありません。私たちが目指したのは、この科目、この専門領域の学びが面白そうだと感じ、その領域を本格的に学ぶために科目を履修し、専門の書籍を手に取るところまでをナビゲートすることです。ですから本書を読み終えた後が本格的な学びの始まりです。各章の章末に記載された「学習の後に読むべき本」を手に取ったり、大学の講義を通じて、わからないことや知りたいことを先生に聞きに行ったりしていくことで理解を深めてください。

　理解を深めた後、獲得した知識を課題解決に活かせるようになること、いわば使えるようになることが大事です。そのための力は、知識を使って考えぬき、それを皆の前で発表（プレゼンテーション）したり、議論をしたり、プロジェクトベースの学習にチャレンジしたり、さらに研究論文に取り組んだりしていく中で育まれていきます。昨今では、このように知識を活かしながら成果を出し、自分を成長させる機会が大学4年間の中でさまざまな場所に転がっています。こうした機会をぜひ見つけてほしいと思います。

　経営学で学ぶことは、実社会の入り口である就職活動での業界・企業分析や企業選択をする時、その後、実社会に出て組織の一員として働くようになった時、自分で何か事業を始めようとしたりした時に多くの人がその重要性を実感することが多いと言えます。卒業後何十年と続く長い職業人生の中で、あるいはボランティアや地域活動といった仕事以外の生活の場面でも、皆さんが経営学の勉強をもう一度しておきたいと思うことが幾度となく訪れるでしょう。皆さんは大学の4年間というよりも、生涯にわたる学びの入り口で本書を手にしているのです。

　大学卒業後何年もたって、キャリアを積み重ねていった時に、本棚からこ

の本を取り出し「この本が出発点だったな」と振り返ってくれることがあれば、私たちにとってはこれほど嬉しいことはありません。

　最後に、本書の編集担当をしていただいた同文舘出版株式会社の大関温子さんに深く感謝申し上げます。章の構成、デザイン、文章の読みやすさ、内容へのコメント等、読者である学生により近い視点からのきめ細かなサポートなくして本書は完成することはなかったと思います。

　また本書のタイトル、初年次段階での授業教材のニーズに関して、北海学園大学経営学部の学生さんから貴重な意見をいただいたことにも御礼を申し上げたいと思います。テキストの出版は、執筆者、編集者そして主な読者である学生との「共創」が1つの理想ですが、その理想にささやかながら一歩前進することができたのではないかと思っています。

2019年3月
執筆者を代表して　伊藤友章

事項索引

英数

2重過程モデル	33
3つの基本戦略	137, 139
6種の対人的影響	41
AIDMA モデル	36
AISAS モデル	37
B/S	179, 190
BSC	202, 210
CEO	122
CVP 分析	208
DUAL AISAS モデル	37
ELM	38
ERG 理論	81
KPI	200
M&A	118
M 機能	92
Off-JT	73
OJT	73
P/L	179, 190
P 機能	92
PDCA サイクル	201
PEST 分析	144
Place	15
PM 理論	92
PPM	134
Price	15
Product	15
Promotion	15
ROE	200
STP	15
SWOT 分析	143
VISAS モデル	38
VRIO フレームワーク	142

あ

安全欲求	81
イノベーション(新結合)	117, 158
イノベーションのジレンマ	124
インタンジブルズ	213
内向きの経営	54
売上高	209
売上高線	209
売り手	138
売り手の交渉力	137
営業取引	175
オープン・システム	61

か

会計	168
会計責任	176
会社	118
会社機関	122
解釈レベル理論	31
会社法	177, 196
買い手	138
買い手の交渉力	137
外部環境の機会	144
外部報告会計	178

学習と成長の視点	211	機能別分類	207
価値提案	211	規範	90
価値の受け渡し	14	脅威	144
価値の選択	14	競合企業	57
価値の伝達	14	競合他社	7
合併・買収 (M&A)	118	凝集性	89
過程理論	82	競争	60
金のなる木	135	競争業者間の敵対関係	137
株券	121	競争優位	131
株式	190	競争優位の獲得	57
株式会社	115, 116, 121	業務効果	130
株式の自由譲渡性	123	金額	179
株主	190	金融市場	188
株主総会	122	金融商品取引法	177
貨幣の時間価値	197	金融論	197
過労死	86		
勘定科目	179	偶発性	64
慣性	158	クーリングオフ	44
感度分析	210	口コミ	16, 38
管理	54	繰延資産	183
管理会計	178, 195, 201	グループシンク (集団思考)	95
		クローズド・システム	61
企業家	158		
企業家精神	117	経営管理	81
企業価値 (企業評価)	190, 194	経営計画とコントロールのための会計	202
企業価値の最大化	196	経営資源	169
企業内教育	71	経営資源の異質性	141
企業内訓練	74	経営資源の固着性	141
企業の沿革	150	経営者	53
企業別労働組合	69	経営諸資源	114
企業論	196	経営戦略	200
起源	151	経営分析	195
技術的要因	144	計画設定機能	204
希少性	43	経済価値	142
稀少性	142	経済的要因	144
機能	151	形態別分類	207

契約	173	債権	183
経路依存性	156	債券	190
権威	43	最高経営責任者（CEO）	122
原価	209	財政	169
原価計算基準	206	債務	183
		財務会計	177, 195
好意	43	財務諸表	176
交換型アプローチ	94	財務諸表論	195
公企業	115	財務の視点	211
合資会社	115, 116	債務弁済責任	117
硬直性	158	ザッツ・ノット・オール・テクニック	42
行動アプローチ	91	差別化	139
合同会社	116	差別化優位	139
購買意思決定プロセス	16	三種の神器	70
公平説（公正理論）	83	参入障壁	137
合名会社	115, 116, 119		
ゴーイング・コンサーン	123	シェアド（共有）・リーダーシップ	94
コーピング（対処）	88	私企業	115
コーポレート・ガバナンス	196	事業の多角化	133
コーポレート・ファイナンス	188	資源ベース・アプローチ	141
顧客	57	自己実現の欲求	81
顧客の視点	211	自己資本利益率（ROE）	200
個人が自身で行うストレス・マネジメント	87	自己への適応	85
		資産	183
個人企業	115	市場志向の経営	57
コスト	13	市場成長率	134
コスト・リーダーシップ	139	四則演算	168
コスト優位	139	持続的競争優位の源泉	143
固定資産	183	資本	114, 190
固定費	207	資本構成	191
固定負債	183	資本コスト	193
個別評価	30	資本多数決	122
コミットメントと一貫性	42	資本調達	186
		資本調達決定	191
さ		資本取引	175
サーバント（奉仕型）・リーダーシップ	94	資本の3原則	121

社会的交換	94	新規学卒者定期一括採用	71
社会的証明	43	新規参入の脅威	137
社会的手抜き	94	人事管理	68
社会的な動機づけ	55	人事考課	76
社会的要因	144	人事労務管理	69
収益	183	人的資源管理	69
終身雇用	69	心理学的ストレスモデル	87
集成型多角化	134	心理的距離	31
重層的な系列化	153		
集団	89	垂直型多角化	134
集団極化	95	水平型多角化	134
集団発達の5段階モデル	90	スコアカード	213
集中	139	スタック・イン・ザ・ミドル	
集中型多角化	134	（中途半端な状況）	140
準固定費	207	ステークホルダー	168
純資産	183	ストレス	87
準変動費	207	ストレスチェック	87
状況依存性	22	ストレス反応	87
状況即応アプローチ	92	ストレッサー	87
証券取引所	123	スモールステップの原理	109
証券論	197	スリップ	96
商号	118		
上場企業	123	成果指標(KPI)	200
情動焦点型コーピング	88	成果主義	75
承認図法式	153	生産プロセス	186
消費者	6	政治・法律的要因	144
消費者行動論	17	精緻化見込みモデル(ELM)	38
消費者の意思決定	32	成長ベクトル	133
商品	52	製品との関連分類	207
情報提供機能	176	製品ライフサイクル	62, 135
職業性ストレスモデル	88	生理的欲求	81
職場への適応	85	責任会計	203
職務遂行能力	71	セグメンテーション	14
職務への適応	85	セルフケア	88
職務への適応性	84	全社員の有限責任制	121
所属と愛の欲求	81	専門経営者	123

戦略	130	中期経営計画	200
戦略的意思決定	132	長期継続取引	151
戦略的実施項目	213	長期の競争	71
戦略マップ	211	調整機能	204
		直接無限責任	117
総意	122		
創業者利得	123	強み	153
操業度線	209		
操業度との関連分類	207	適応	84
総原価線	209	適性	84
創造性	63		
創造的破壊	159	ドア・イン・ザ・フェイステクニック	42
相対的評価	25	統一的意思決定	118
相対的マーケット・シェア	135	動機	80
相談先	44	動機づけ	80
ソーシャルスキル	100	統合報告	202
ソーシャルスキルトレーニング	101	投資決定	191
組織	56, 142	統制 (コントロール) 機能	204
組織志向の経営	56	統治 (ガバナンス)	56
組織によるストレス・マネジメント	86	特性アプローチ	91
組織能力 (ケイパビリティ)	151	取締役会	122
組織の能率	59	取引概念	174
組織の有効性	61		
組織文化	161	**な**	
外向きの経営	54	内部環境における強み	144
損益計算書 (P/L)	179, 190	内部プロセスの視点	211
損益分岐点分析	208	内部報告会計	178
尊敬欲求	81	内容理論	81
た		ニーズ	60
ターゲティング	14, 15	日本的雇用慣行	69
貸借対照表 (B/S)	179, 190		
		年功賃金	69
代替品	63, 138		
代替品・サービスの脅威	137	能力主義	75
代表取締役	122		

事項索引 | 223

は

- 配当 190
- 配当政策 191
- 破壊的イノベーション 125
- 花形 135
- バランスト・スコアカード (BSC) ... 202, 210
- 販売コンセプト 9
- 販売志向のマーケティング 60

- ヒューマンエラー 95
- 費用 183
- 表象 31

- ファイナンス 197
- ファイブ・フォース分析 137, 144
- 複式簿記 179
- 負債 183
- フット・イン・ザ・ドア・テクニック 42
- ブランドロイヤリティ 140
- フレーミング効果 (枠組み効果) 22, 23
- プロダクト志向のマーケティング ... 60
- 分業のシステム 55

- 並列評価 30
- 便益 12
- 変動費 207
- 返報性 41

- 法人税法 177
- ポジショニング 14
- ポジショニング・アプローチ 137

ま

- マーケティング 54
- マーケティング・コンセプト 9
- マーケティング・ミックス 15
- マーケティング・リサーチ 15
- マクロ・レベル 144
- 負け犬 135
- マズローの段階欲求理論 81
- マネジメント・コントロール 202

- ミクロ・レベル 144
- ミステイク 96

- ムダ 59
- ムリ 59

- メンタル・アカウンティング 27
- メンタルヘルス不調 86

- 目的適合性 201
- 目標設定理論 82
- モチベーション 80
- モデリング (観察学習) 108
- 模倣困難性 142
- 問題解決型コーピング 88
- 問題児 135

や

- 有限責任社員 119
- 要求利益率 193
- 予算管理 203
- 予算統制 204
- 予算編成 204
- 欲求 80
- 弱み 144

ら

- ライフサイクル理論 93

ラインケア ……………………… 88	流動資産 …………………………… 183
ラプス …………………………… 96	流動負債 …………………………… 183
リーダーシップ ………………… 90	レディネス評価 ………………… 215
利益（儲け） …………………… 52	（直接）連帯無限責任 ………… 118
利益計画 ………………………… 204	
利害調整機能 …………………… 177	労働安全衛生法 ………………… 86
リスキーシフト ………………… 95	労務管理 ………………………… 68
リスク・リターンの関係 …… 197	ロー・ボール・テクニック …… 42
流通業者 ………………………… 7	

人名索引

ア
アルダファ (Alderfer, C.) ……………… 81
アンソニー (Anthony, R.N.) …………… 202
アンゾフ (Ansoff, H.I.) ………………… 132
アンドリュース (Andrews, K.R.) ……… 143

カ
カーネマン (Kahneman, D.) …………… 20
キャプラン (Kaplan, R.S.) ……………… 210

サ
シュンペーター (Schumpeter, J.A.) …… 159
スーパー (Super, D.E.) ………………… 84
セリエ (Selye, H.) ……………………… 87

タ
チャルディーニ (Chaldini, R.B.) ……… 41
チャンドラー (Chandler Jr., A.D.) …… 131
トベルスキー (Tversky, A.) …………… 20
ドラッカー (Drucker, P.F.) …………… 11

ナ
ノートン (Norton, D.P.) ……………… 210

ハ
バーニー (Barney, J.B.) ……………… 130
ペンローズ (Penrose, E.T.) …………… 141
ポーター (Porter, M.E.) ……………… 130
ホール (Hall, S.H.) …………………… 36

マ
マズロー (Maslow, A.H.) ……………… 81
マッキンゼー (Mckinsey, J.O.) ……… 202

ラ
ラザルス (Lazarus, R.S.) ……………… 87
リカード (Ricardo, D.) ………………… 141
レヴィット (Levitt, T.) ………………… 12
ロジャース (Rogers, E.M.) …………… 40

北海学園大学経営学部について

　本書の執筆者が所属している北海学園大学経営学部は、2003年4月に開設され、1部経営学科と経営情報学科、2部経営学科から構成されています。建学の精神である「開拓者精神」（Pioneer Spirit）に基づき、「組織を中心とした経営学教育」、「実践志向の経営学教育」、「グローバルな視点に立つ経営学教育」、「情報分析を重視した経営学教育」、「人間行動を重視した経営学教育」を教育理念とし、この五つの教育理念のもと、経営分野の専門知識とそれを活かす実践力をあわせもち、組織や社会の発展に貢献しうるマネジメント能力に優れた人材を育成します。

　それぞれの学科で以下のように教育目標を定めた複数のコースを設置し、在学生は第2学年進級時に専攻するコースを選択することになります。

　　　　＊2部経営学科については、下記の内、組織・マネジメントコース、戦略・マーケティングコース、心理・人間行動コースの3つのコースから構成されます。

＜経営学科＞

組織・マネジメントコース
企業・NPO・行政における組織マネジメント能力、社会や組織の中の人間を理解し活かすマネジメント能力を養成する。

戦略・マーケティングコース
市場を理解、分析し、積極的に働きかけるマーケティング能力と、企業の戦略を分析し、構築していくビジネス能力を養成する。

＜経営情報学科＞

心理・人間行動コース
個人・組織の心理的特性や行動メカニズムを理解し、組織・マネジメントや戦略・マーケティング等に活かす能力を養成する。

情報・マネジメントコース
①情報を活かす組織・戦略マネジメント能力、あるいは②高度情報ネットワーク社会をリードする専門能力を養成する。

会計・ファイナンスコース
①組織におけるマネジメントを会計的・財務的な視点から分析し、組織のイノベーションや戦略の策定に貢献する能力、あるいは②会計専門職として組織の発展を支援する能力を養成する。

経営学部

執筆者紹介(五十音順)

赤石篤紀(12 章)
石嶋芳臣(8 章)
伊藤友章(編者代表、1 章)
大石雅也(5 章)
近藤弘毅(10 章)
今野喜文(9 章)
佐藤大輔(4 章)
庄司樹古(11 章)
鈴木修司(2 章)
関谷浩行(13 章)
田中勝則(7 章)
古谷嘉一郎(3 章)
増地あゆみ(6 章)

2019年3月31日	初版発行	
2022年4月25日	初版3刷発行	略称：北海学園経営学

ナビゲート経営学
―心理・経営・会計を学ぶ―

編　者　Ⓒ　北海学園大学経営学部

発行者　　　中　島　治　久

発行所　　同文舘出版株式会社
東京都千代田区神田神保町1-41　　〒101-0051
営業 (03) 3294-1801　　編集 (03) 3294-1803
振替 00100-8-42935　　http://www.dobunkan.co.jp

Printed in Japan 2019

DTP：マーリンクレイン
印刷・製本：三美印刷

ISBN978-4-495-39026-6

|JCOPY|〈出版者著作権管理機構 委託出版物〉
本書の無断複製は著作権法上での例外を除き禁じられています。複製される場合は，そのつど事前に，出版者著作権管理機構（電話 03-5244-5088，FAX 03-5244-5089, e-mail: info@jcopy.or.jp）の許諾を得てください。